HEYNE KOCHBÜCHER

Dr. Oetker

Römertopf

WILHELM HEYNE VERLAG
MÜNCHEN

RÖMERTOPF
RÖMERTOPF

VORWORT

Kein Zweifel, die Ansprüche an die moderne Küche sind gestiegen. Deshalb genießen Sie ohne Reue durch schonend gegarte und fettarme Speisen aus dem RÖMERTOPF®. Fleisch, Fisch und Gemüse und auch süße Speisen garen „im eigenen Saft" und sind deshalb so bekömmlich.

Die Rezepte sind einfach zuzubereiten und, soweit nicht anders vermerkt, für 4 Portionen ausgerichtet.

Kapitelübersicht

Geflügel und Wild

Süß-Speisen und Brote

Suppen und Eintöpfe

Gelbe Mungobohnensuppe mit Curry,
Rezept Seite 10

Gelbe Mungobohnen-Suppe mit Curry (Foto Seite 8/9)

DIE ZUTATEN:

175 g GESCHÄLTE MUNGOBOHNEN
1 KNOBLAUCHZEHE
1 ZWIEBEL
1 STANGE PORREE
1 GRÜNE PAPRIKASCHOTE
750 mL (3/4 l) HEISSE GEMÜSEBRÜHE
1 EL CURRYPULVER
1/2 TL PAPRIKA EDELSÜSS
1/4 TL GEMAHLENER KREUZKÜMMEL, SALZ
1/2 TL PFEFFER
3 EL ROSINEN
2 EL TOMATENMARK
1 BUND GLATTE PETERSILIE
EVTL. GEMÜSEBRÜHE

1. Die Mungobohnen kalt abspülen und in den gewässerten Römertopf geben. Den Knoblauch und Zwiebel abziehen und fein würfeln. Den Porree putzen, halbieren, waschen. Die Paprikaschote halbieren, entkernen, die weißen Scheidewände entfernen, die Schote waschen. Porree und Paprika in Streifen schneiden.

2. Die drei Zutaten in einen Topf geben. Die Gemüsebrühe dazugießen und Curry, Paprika, Kreuzkümmel, Salz, Pfeffer, Rosinen und Tomatenmark unterrühren.

3. Alles auf die Mungobohnen in den Römertopf gießen. Den Topf mit dem Deckel verschließen und auf dem Rost in den kalten Backofen schieben.

Ober-/Unterhitze: etwa 220 °C
Heißluft: etwa 200 °C
Gas: etwa Stufe 5
Garzeit: etwa 40 Minuten.

4. Die Petersilie abspülen, trockentupfen, die Blättchen abzupfen und fein hacken. Die fertige Suppe umrühren, nochmals abschmecken, evtl. noch etwas Gemüsebrühe hinzufügen. Die Suppe mit Petersilie bestreuen.

Grüne Bohnen-Eintopf, pikant (Foto)

DIE ZUTATEN:

2 PCK. TK-BRECHBOHNEN (JE 300 g)
500 g TOMATEN
1 KLEINE ROTE PAPRIKASCHOTE
250 g GESCHÄLTE KARTOFFELN
375 g SCHWEINEFLEISCH
125 g ZWIEBELN
1 KNOBLAUCHZEHE
50 g DURCHWACHSENER SPECK
SALZ
FRISCH GEMAHLENER PFEFFER
BOHNENKRAUT
500 ml (1/2 l) HEISSE FLEISCHBRÜHE AUS BRÜHWÜRFELN

1. Die Bohnen bei Zimmertemperatur auftauen lassen. Die Tomaten kurze Zeit in kochendes Wasser legen, in kaltem Wasser abschrecken, enthäuten, Stängelansätze entfernen, die Tomaten achteln und entkernen.

2. Die Paprika halbieren, entstielen, entkernen, die weißen Scheidewände entfernen, die Schote waschen, in Streifen schneiden. Die Kartoffeln waschen, in Scheiben schneiden.

3. Das Schweinefleisch unter fließendem kalten Wasser abspülen, trockentupfen, in kleine Würfel schneiden. Die Zwiebeln abziehen, würfeln. Die Knoblauchzehe abziehen, hacken.

4. Den Speck in Würfel schneiden, alle Zutaten miteinander vermengen, mit Salz, Pfeffer würzen, mit gewaschenem Bohnenkraut in den gewässerten Römertopf geben, mit der Fleischbrühe übergießen, den Römertopf mit dem Deckel verschließen, in den kalten Backofen stellen.

Ober-/Unterhitze: 200–220 °C
Heißluft: 180–200 °C
Gas: Stufe 4–5
Garzeit: etwa 1 ½ Stunden.

DIE ZUTATEN:

500 g KARTOFFELN
2 ZWIEBELN
500 g SAUERKRAUT
4 METTWÜRSTCHEN (RAUCHENDEN)
SALZ
FRISCH GEMAHLENER PFEFFER
1 l FLEISCHBRÜHE
200 g WEISSE BOHNEN MIT SUPPENGRÜN (AUS DER DOSE)

Sauerkrauteintopf mit weissen Bohnen

1. Die Kartoffeln schälen und waschen. Die Zwiebeln abziehen. Beide Zutaten würfeln, mit Sauerkraut und Mettwürstchen abwechselnd in den gewässerten Römertopf schichten. Jede Schicht mit Salz und Pfeffer bestreuen.

2. Die Brühe hinzugießen. Römertopf mit dem Deckel verschließen und auf dem Rost in den kalten Backofen schieben.

Ober-/Unterhitze: 200–220 °C
Heißluft: 180–200 °C
Gas: Stufe 4–5
Garzeit: etwa 80 Minuten.

3. Nach etwa 1 Stunde Garzeit Bohnen mit Suppengrün dazugeben und fertig garen.

Tipp:
Den Sauerkrauteintopf zusätzlich mit 1 TL Kümmelsamen oder 1-2 TL Paprika edelsüß würzen.

Queller Topf

1. Die Kartoffeln waschen, in Wasser zum Kochen bringen, in 20–25 Minuten gar kochen lassen, abgießen, pellen und in Würfel schneiden.

2. Die Butter in den gewässerten Römertopf geben. Zwiebeln abziehen und fein würfeln. Den Speck in Würfel schneiden. Beide Zutaten in den Römertopf geben, die Kartoffelwürfel darauf geben und mit Salz und Pfeffer bestreuen.

3. Das Schweinefilet unter fließendem kalten Wasser abspülen, trockentupfen, in 2 cm dicke Scheiben schneiden und schuppenartig auf die Kartoffelscheiben legen. Mit Salz, Pfeffer und Liebstöckel bestreuen.

4. Die Tomaten kurze Zeit in kochendes Wasser legen (nicht kochen lassen), in kaltem Wasser abschrecken, enthäuten, vierteln, entkernen, die Stängelansätze herausschneiden, die Tomaten in Stücke schneiden. Die Gurken vierteln, in Stücke schneiden. Beide Zutaten über das Filet geben.

5. Die Gemüsebrühe darüber geben und mit Käse bestreuen. Den Römertopf mit dem Deckel verschließen und auf dem Rost in den kalten Backofen schieben.

Ober-/Unterhitze: etwa 200 °C
Heißluft: etwa 180 °C
Gas: etwa Stufe 4
Garzeit: etwa 45 Minuten.

DIE ZUTATEN:

600 g KARTOFFELN
40 g WEICHE BUTTER
2 ZWIEBELN
75 g DURCHWACHSENER SPECK
SALZ
FRISCH GEMAHLENER PFEFFER
500 g SCHWEINEFILET
GEREBELTER LIEBSTÖCKEL
3 TOMATEN
3 GEWÜRZGURKEN
125 ml (1/8 l) GEMÜSE-BRÜHE
50 g GROB GERASPELTER EMMENTALER

DIE ZUTATEN:

1 JUNGES SUPPENHUHN ODER HÄHNCHEN (ETWA 1 kg)
2–3 KNOBLAUCHZEHEN
120 g ZWIEBELN
2–3 ROTE CHILISCHOTEN
1 TL KORIANDERKÖRNER
1,5 l HÜHNERBRÜHE
1 KARTOFFEL (100 g)
500 g TOMATEN
2 REIFE AVOCADOS (JE 200 g)
SALZ
FRISCH GEMAHLENER PFEFFER
2–3 EL ZITRONENSAFT
1 EL GEHACKTE PETERSILIE
150 g SAURE SAHNE

MEXIKANISCHE HÜHNER-SUPPE

1. Das Suppenhuhn oder Hähnchen unter fließendem kalten Wasser abspülen, trockentupfen und mit der Geflügelschere der Länge nach halbieren. Den Knoblauch und die Zwiebeln abziehen und halbieren. Die Chilischoten waschen, längs aufschneiden und entkernen.

2. Hähnchen, Zwiebeln, Knoblauch, Chilischoten, Koriander und Hühnerbrühe in den gewässerten Römertopf geben. Den Topf mit dem Deckel verschließen und auf dem Rost in den kalten Backofen schieben.

Ober-/Unterhitze: etwa 200 °C
Heißluft: etwa 180 °C
Gas: etwa Stufe 4
Garzeit: etwa 70 Minuten.

3. Die Kartoffel waschen, schälen und abspülen. Tomaten kurze Zeit in kochendes Wasser legen (nicht kochen lassen), in kaltem Wasser abschrecken, enthäuten, die Stängelansätze herausschneiden, Tomaten vierteln, und entkernen.

4. Die Hähnchenhälften und die Chilischoten aus der Suppe nehmen. Das Fleisch etwas abkühlen lassen, die Chilischoten entfernen. Die Suppe durch ein feines Sieb geben, entfetten und wieder in den Römertopf gießen.

5. Die Hähnchenhälften häuten. Das Fleisch von den Knochen lösen, in Würfel schneiden und in die Suppe geben. Die Kartoffel auf der groben Seite der Haushaltsreibe in die Suppe reiben. Tomatenviertel dazugeben. Die Suppe ohne Deckel 10 Minuten im Ofen erhitzen.

6. Die Avocados der Länge nach halbieren, schälen, Steine entfernen und die Hälften in Scheiben schneiden. Die Suppe mit Salz, Pfeffer und Zitronensaft würzen. Die Avocadoscheiben in die Suppe geben, mit Petersilie bestreuen und mit saurer Sahne servieren.

Tipp:
Dazu geröstetes Knoblauchbaguette servieren.

DIE ZUTATEN:

400 g KARTOFFELN
2 ZWIEBELN
2 STANGEN PORREE (LAUCH)
1/2 KOPF WIRSING (ETWA 500 g)
JE 1/2 ROTE UND GRÜNE PAPRIKASCHOTE
1/2 RETTICH (ETWA 250 g)
600 g SCHWEINEFLEISCH (AUS DER KEULE)
3 EL SPEISEÖL
SALZ
FRISCH GEMAHLENER PFEFFER
125 ml (1/8 l) GEMÜSE-BRÜHE
3 ENTHÄUTETE TOMATEN
GEREBELTER THYMIAN
1 BUND GLATTE PETERSILIE
75 g SCHAFSKÄSE

Gutshof Pott

1. Die Kartoffeln waschen, schälen, abspülen und in kleine Stücke schneiden. Die Zwiebeln abziehen, in Scheiben schneiden. Den Porree putzen, halbieren, waschen und in Streifen schneiden. Den Wirsing putzen, halbieren, den Strunk herausschneiden, den Wirsing in Streifen schneiden und waschen.

2. Die Paprikaschoten vierteln, entkernen, die weißen Scheidewände entfernen, die Schoten waschen und in Streifen oder Würfel schneiden. Den Rettich putzen, schälen und in Stifte schneiden. Das Fleisch unter fließendem kalten Wasser abspülen, trockentupfen und in kleine Würfel schneiden.

3. Das Öl in den gewässerten Römertopf geben, darauf die Kartoffelstücke, Zwiebelscheiben und Paprika geben und mit Salz und Pfeffer bestreuen. Die Fleischstücke darauf geben, ebenfalls mit Salz und Pfeffer bestreuen, Porree- und Wirsingstreifen sowie Rettichstifte darauf geben und mit Salz und Pfeffer bestreuen.

4. Die Gemüsebrühe darauf geben. Den Römertopf mit dem Deckel verschließen und auf dem Rost in den kalten Backofen schieben.

Ober-/Unterhitze: etwa 200 °C, **Heißluft:** etwa 180 °C
Gas: etwa Stufe 4, **Garzeit:** etwa 60 Minuten.

5. Von den Tomaten die Stängelansätze herausschneiden und die Tomaten in Stücke schneiden.

6. Nach Beendigung der Garzeit die Tomatenstücke zu den Zutaten in den Römertopf geben, unterrühren und mit Salz, Pfeffer und Thymian abschmecken. Den Eintopf noch 10 Minuten im abgeschalteten Backofen ziehen lassen.

7. Die Petersilie abspülen, trockentupfen und hacken. Den Schafskäse etwas zerbröckeln und mit der Petersilie auf den fertigen Eintopf geben.

Cassoulet

1. Die Bohnen über Nacht in Wasser einweichen lassen.

2. Die Speckscheiben in den gewässerten Römertopf legen. Das Lamm- oder Schweinefleisch und die Hähnchenkeulen unter fließendem kalten Wasser abspülen, trockentupfen. Das Lamm- oder Schweinefleisch in Würfel schneiden.

3. Möhren putzen, schälen, waschen und in Scheiben schneiden. Tomaten waschen, die Stängelansätze herausschneiden und die Tomaten in Scheiben schneiden. Zwiebeln abziehen und würfeln. Knoblauch abziehen und durch die Knoblauchpresse drücken. Die Zutaten mit Fleischwürfeln und Hähnchenkeulen vermischen und in den Römertopf geben.

4. Kräuter abspülen, trockentupfen, mit dem Lorbeerblatt zu einem Strauß zusammenbinden und auf Gemüse und Fleisch legen. Porree putzen, waschen, klein schneiden und ebenfalls darauf legen.

5. Weißwein und Gemüsebrühe hinzufügen. Den Römertopf mit dem Deckel verschließen und auf dem Rost in den kalten Backofen schieben.

Ober-/Unterhitze: etwa 200 °C
Heißluft: etwa 180 °C
Gas: etwa Stufe 4
Garzeit: etwa 2 Stunden.

6. Nach Beendigung der Garzeit das Kräutersträußchen entfernen, das Cassoulet mit Semmelbröseln bestreuen, Butter in Flöckchen darauf setzen und alles kurz nochmals bei gleicher Temperatur ohne Deckel im Backofen überbacken.

DIE ZUTATEN:

250 g WEISSE BOHNEN
100 g DURCHWACHSENER SPECK, IN SCHEIBEN
500 g LAMM- ODER SCHWEINEFLEISCH, Z.B. AUS DER SCHULTER
4 HÄHNCHENKEULEN (JE ETWA 150 g)
2 MÖHREN
4 TOMATEN
2 ZWIEBELN
2 KNOBLAUCHZEHEN
JE 2 ZWEIGE MAJORAN, THYMIAN, ROSMARIN, PETERSILIE
1 LORBEERBLATT
1 STANGE PORREE (LAUCH)
100 ml WEISSWEIN
250 ml (1/4 l) GEMÜSEBRÜHE
2 EL SEMMELBRÖSEL
20 g BUTTER

DIE ZUTATEN:

1 BUND SUPPENGRÜN
2 KOHLRABI (JE 300 g)
250 g SCHNEIDEBOHNEN
2 LORBEERBLÄTTER
1 TL WEISSE PFEFFERKÖRNER
3 GEWÜRZNELKEN
2 GLÄSER HEISSER GEMÜSEFOND (JE 400 ml) ODER GEMÜSEBRÜHE
500 ml ($^1/_2$ l) HEISSES WASSER
250 g GRÜNER SPARGEL
$^1/_2$ BUND KERBEL
$^1/_2$ BUND GLATTE PETERSILIE
SALZ
4 EIER (GRÖSSE M)
FRISCH GEMAHLENER PFEFFER

GEMÜSEEINTOPF

1. Suppengrün putzen und waschen. Möhren und Petersilienwurzel schälen und in Scheiben schneiden. Sellerie schälen und würfeln. Porree in Ringe schneiden.

2. Kohlrabi schälen und in Streifen schneiden. Bohnen waschen, putzen und schräg in 1 cm lange Stücke schneiden.

3. Lorbeerblätter, Pfefferkörner und Gewürznelken in einen Teefilter oder Mulltuch geben und mit Küchengarn zubinden. Das vorbereitete Gemüse, Gewürzbeutel, Gemüsefond oder -brühe und Wasser in den gewässerten Römertopf geben. Den Topf mit dem Deckel verschließen und auf dem Rost in den kalten Backofen schieben.

Ober-/Unterhitze: etwa 200 °C
Heißluft: etwa 180 °C
Gas: etwa Stufe 4
Garzeit: etwa 50 Minuten.

4. In der Zwischenzeit Spargel im unteren Drittel schälen, die unteren Enden abschneiden und den Spargel abspülen. Spargel in etwa 4 cm lange Stücke schneiden, nach etwa 20 Minuten Garzeit zu dem Gemüse geben und noch etwa 30 Minuten im geschlossenen Topf mitgaren.

5. Kerbel und Petersilie abspülen, trockentupfen, die Blättchen von den Stängeln zupfen und hacken (einige Blättchen zum Garnieren zurücklassen).

6. Nach Beendigung der Garzeit den Gewürzbeutel entfernen, den Gemüseeintopf mit Salz abschmecken und die Kräuter unterheben. Eier aufschlagen, mit einer Kelle in den Eintopf geben, nochmals für 3–4 Minuten zugedeckt in den Backofen schieben, damit die Eier stocken, dann mit den restlichen Kräutern garnieren. Nach Belieben mit Pfeffer bestreuen.

Tipp:
Dazu Stangenweißbrot reichen. Vor dem Servieren 3 Esslöffel kaltgepresstes Olivenöl unter den Eintopf mischen.

DIE ZUTATEN:

1 PUTENOBERSCHENKEL (ETWA 1 kg)
SALZ
FRISCH GEMAHLENER PFEFFER
250 g ZWIEBELN
500 g KARTOFFELN
2 PAPRIKASCHOTEN
PAPRIKA EDELSÜSS
2 EL FRISCHER OREGANO
1 ENTKERNTE PEPERONI
30 g BUTTER
500 g TOMATEN

GEMÜSEEINTOPF MIT PUTENKEULE

1. Den Putenoberschenkel unter fließendem kalten Wasser abspülen, trockentupfen und mit Salz und Pfeffer einreiben.

2. Die Zwiebeln abziehen und würfeln. Die Kartoffeln schälen, waschen und in Würfel schneiden. Die Paprika halbieren, entstielen, entkernen und die weißen Scheidewände entfernen. Die Schoten waschen, in Würfel schneiden, abwechselnd mit den Zwiebel- und Kartoffelwürfeln in den gewässerten Römertopf schichten.

3. Mit Salz, Pfeffer, Paprika und Oregano würzen. Nach Belieben die in feine Ringe geschnittene Peperoni unterrühren. Den Putenoberschenkel auf das Gemüse legen, mit zerlassener Butter bestreichen, den Römertopf mit dem Deckel verschließen und in den kalten Backofen stellen.

Ober-/Unterhitze: 200–220 °C, **Heißluft:** 180–200 °C
Gas: Stufe 4–5, **Garzeit:** etwa 1¾ Stunden.

4. Die Tomaten kurze Zeit in kochendes Wasser legen, in kaltem Wasser abschrecken, enthäuten, Stängelansätze entfernen, in Würfel schneiden und mit Salz, Pfeffer bestreuen.

5. Eine halbe Stunde vor Beendigung der Garzeit Tomatenwürfel zu dem Fleisch und dem übrigen Gemüse geben und ohne Deckel fertig garen, damit das Fleisch etwas braun wird.

6. Das Fleisch herausnehmen, von dem Knochen lösen, in Scheiben schneiden. Das Gemüse umrühren, abschmecken.

Zucchini-Kartoffel-Suppe mit Garnelen

1. Die Kartoffeln waschen, schälen, abspülen und in Würfel schneiden. Die Zwiebeln abziehen und würfeln. Zucchini putzen, waschen und würfeln.

2. Zwiebeln, Kartoffeln, Zucchini und 500 ml (½ l) der Brühe in den gewässerten Römertopf geben. Den Topf mit dem Deckel verschließen und auf dem Rost in den kalten Backofen schieben.

Ober-/Unterhitze: etwa 200 °C, **Heißluft:** etwa 180 °C
Gas: etwa Stufe 4, **Garzeit:** etwa 40 Minuten.

3. Die Garnelen kalt abspülen und abtropfen lassen. Die Suppe aus dem Römertopf in ein hohes Gefäß füllen und mit dem Schneidstab pürieren. Die Suppe, Suppenpaste, Sahne und restliche Gemüsebrühe wieder in den Römertopf geben. Die Suppe mit Salz, Pfeffer und Cayennepfeffer würzen.

4. Die abgetropften Garnelen dazugeben. Den Topf ohne Deckel in den Ofen schieben und die Suppe weitere 20 Minuten erhitzen.

5. Die Basilikumblätter von den Stielen zupfen, in Streifen schneiden und vor dem Servieren die Suppe damit bestreuen.

DIE ZUTATEN:

- 300 g MEHLIG KOCHENDE KARTOFFELN
- 150 g ZWIEBELN
- 300 g ZUCCHINI
- 750 ml (¾ l) HEISSE GEMÜSEBRÜHE
- 200 g EISMEERGARNELEN (OHNE SCHALE)
- 1 PCK. (50 g) HUMMER-SUPPEN-PASTE
- 200 ml SCHLAGSAHNE
- SALZ
- FRISCH GEMAHLENER PFEFFER
- CAYENNEPFEFFER
- ½ TOPF BASILIKUM

Tipp:
Dazu passt geröstetes Knoblauchbaguette.

Gemüse und Aufläufe

Buntes Bohnengemüse, Rezept Seite 24

DIE ZUTATEN:

- 600 g GRÜNE BOHNEN
- 250 g ZWIEBELN
- 250 g MÖHREN
- 250 g RINDFLEISCH
- SALZ
- FRISCH GEMAHLENER PFEFFER
- 125 ml (1/8 l) GEMÜSEBRÜHE
- 350 g ENTHÄUTETE TOMATEN
- GEREBELTES BOHNENKRAUT

BUNTES BOHNENGEMÜSE

(FOTO SEITE 22/23)

1. Von den Bohnen die Enden abschneiden, die Bohnen evtl. abfädeln, waschen und in Stücke schneiden. Zwiebeln abziehen, halbieren und in Scheiben schneiden. Die Möhren putzen, schälen, waschen und in Scheiben schneiden.

2. Das Rindfleisch unter fließendem kalten Wasser abspülen, trockentupfen und in 1 ½ cm große Würfel schneiden. Die vier Zutaten vermengen, in den gewässerten Römertopf geben, mit Salz und Pfeffer bestreuen.

3. Die Brühe dazugeben, den Römertopf mit dem Deckel verschließen und auf dem Rost in den kalten Backofen schieben.

Ober-/Unterhitze: etwa 200 °C, **Heißluft:** etwa 180 °C
Gas: etwa Stufe 4, **Garzeit:** 80–90 Minuten.

4. Von den Tomaten die Stängelansätze entfernen, Tomaten in Stücke schneiden. Nach etwa 60 Minuten Garzeit die Tomaten dazugeben, umrühren, mit Salz, Pfeffer und Bohnenkraut würzen. Noch 20–30 Minuten weitergaren, umrühren und nochmals abschmecken.

DIE ZUTATEN:

- 300 g GEMÜSEZWIEBELN
- 600 g AUBERGINEN
- 600 g KLEINE ZUCCHINI
- 600 g ENTHÄUTETE FLASCHENTOMATEN
- JE 1 GRÜNE UND ROTE PAPRIKASCHOTE
- 2 KNOBLAUCHZEHEN
- 100 g SCHWARZE OLIVEN
- SALZ
- FRISCH GEMAHLENER PFEFFER
- KRÄUTER DER PROVENCE
- 2–3 EL OLIVENÖL
- 50 g PINIENKERNE

RATATOUILLE *(6 PORTIONEN – FOTO)*

1. Die Gemüsezwiebeln abziehen und in Scheiben schneiden. Die Auberginen waschen, die Stängelansätze abschneiden, Aubergine längs halbieren und in 2 cm dicke Scheiben schneiden. Die Zucchini waschen, abtrocknen, die Enden abschneiden, die Zucchini in Scheiben schneiden.

2. Von den Tomaten die Stängelansätze herausschneiden, Tomaten entkernen und in Stücke schneiden.

3. Die Paprika halbieren, entstielen, entkernen, die weißen Scheidewände entfernen, die Schoten waschen und in mundgerechte Stücke schneiden. Den Knoblauch abziehen, sehr fein würfeln.

4. Das Gemüse mit Oliven vermengen, in den gewässerten Römertopf geben, mit Salz, Pfeffer, Kräutern der Provence bestreuen, mit Olivenöl beträufeln. Den Topf mit dem Deckel verschließen, auf dem Rost in den kalten Backofen schieben.

Ober-/Unterhitze: etwa 200 °C, **Heißluft:** etwa 180 °C
Gas: etwa Stufe 4, **Garzeit:** etwa 50 Minuten.

5. Die Pinienkerne in einer Pfanne ohne Fett hellbraun rösten, über das Ratatouille geben und servieren.

DIE ZUTATEN:

2 ZWIEBELN
1 KNOBLAUCHZEHE
1 STANGE PORREE (LAUCH)
50 g BUTTER
250 ml (1/4 L) FLEISCHBRÜHE
2 EL TOMATENMARK
FRISCH GEMAHLENER, SCHWARZER PFEFFER
1 TL GEREBELTER OREGANO
1 WIRSING (ETWA 800 g)

Wirsing aus dem Römertopf

1. Die Zwiebeln und Knoblauch abziehen und fein würfeln. Porree putzen, längs halbieren, waschen und in Scheiben schneiden.

2. Die Butter in einer Pfanne zerlassen, Zwiebeln dünsten, Knoblauch und Porree zugeben, mit Brühe angießen und aufkochen lassen.

3. Das Tomatenmark, Pfeffer und Oregano hinzufügen und die Pfanne von der Kochstelle nehmen.

4. Die groben äußeren Blätter des Wirsings entfernen, Wirsing achteln, den Strunk herausschneiden und abspülen.

5. Die Hälfte der Zwiebelmischung in einen gewässerten Römertopf füllen. Wirsingachtel mit den Herzen nach unten darauf legen. Die restliche Zwiebelmischung darüber geben. Den Römertopf mit Deckel auf dem Rost in den kalten Backofen schieben.

Ober-/Unterhitze: etwa 200 °C, **Heißluft:** etwa 180 °C
Gas: etwa Stufe 4, **Schmorzeit:** etwa 40 Minuten.

Tipp:
Als Hauptgericht den Wirsing kurz mit Käsescheiben überbacken.

Mexikanisches Maisgemüse

1. Die Maiskolben putzen, waschen und in vier Stücke schneiden. Chilischoten waschen und in breite Stücke schneiden, evtl. entkernen.

2. Die Möhren putzen, waschen, schälen und in dicke Scheiben schneiden. Die Zwiebeln abziehen und in Spalten schneiden. Knoblauch abziehen und in Scheiben schneiden.

3. Das vorbereitete Gemüse mit der Brühe in den gewässerten Römertopf geben, mit dem Deckel verschließen und auf dem Rost in den kalten Backofen schieben.

Ober-/Unterhitze: etwa 220 °C
Heißluft: etwa 200 °C
Gas: etwa Stufe 5
Backzeit: etwa 75 Minuten.

4. In der Zwischenzeit die Paprika halbieren, entstielen, entkernen, die weißen Scheidewände entfernen, die Schoten waschen und in grobe Würfel schneiden. Die Paprikawürfel nach etwa 60 Minuten Garzeit in den Topf geben und alles zugedeckt noch etwa 15 Minuten garen.

5. Den Koriander abspülen, trockentupfen, die Blätter von den Stängeln zupfen und grob hacken. Das Maisgemüse mit Salz, Pfeffer und Paprika würzen und mit dem Koriander bestreuen.

DIE ZUTATEN:

4 MAISKOLBEN (JE 200 g)
1–2 CHILISCHOTEN
500 g MÖHREN
220 g KLEINE ZWIEBELN
1–2 KNOBLAUCHZEHEN
750 ml (3/4 l) GEMÜSEBRÜHE
2 GRÜNE PAPRIKASCHOTEN (JE 150 g)
1 BUND KORIANDER
SALZ
FRISCH GEMAHLENER PFEFFER
PAPRIKA ROSENSCHARF

Tipp: Dazu passen fertig gekaufte und erwärmte Tortillas.

Rosmarinkartoffeln mit Schmandsauce *(Foto)*

DIE ZUTATEN:

800 g KLEINE, MEHLIG KOCHENDE KARTOFFELN
EINIGE ROSMARINZWEIGE
250 g SCHMAND
1 TL KÖRNIGER SENF
3–4 EL SCHLAGSAHNE
SALZ
FRISCH GEMAHLENER PFEFFER
2 EL GEHACKTE KRÄUTER, Z.B. PETERSILIE, SCHNITTLAUCH

1. Die Kartoffeln unter fließendem kalten Wasser gründlich abbürsten und kreuzweise einschneiden. Den Rosmarin abspülen, die Nadeln und die kleinen Spitzen abschneiden und mit den Kartoffeln in den gewässerten Kartoffelröster geben.

2. Den Röster auf dem Rost in den kalten Backofen schieben.

Ober-/Unterhitze: etwa 200 °C
Heißluft: etwa 180 °C
Gas: etwa Stufe 4
Garzeit: 50–60 Minuten.

3. Für die Schmandsauce Schmand mit Senf, Sahne, Salz und Pfeffer verrühren, Kräuter unterrühren und zu den Kartoffeln servieren.

Tipp:
gerösteten Knoblauch dazureichen.

Fenchel in Tomatensauce

DIE ZUTATEN:

4 FENCHELKNOLLEN (ETWA 800 g)
1 ZWIEBEL
500 g TOMATEN
30 g BUTTER
125 ml (1/8 l) WASSER
GEREBELTER THYMIAN
GEREBELTER BASILIKUM
1 LORBEERBLATT
SALZ
FRISCH GEMAHLENER PFEFFER
50 g GERIEBENER EMMENTALER

1. Die Stiele dicht oberhalb der Fenchelknollen abschneiden, braune Stellen und Blätter entfernen (etwas Fenchelgrün beiseite stellen) und die Wurzelenden gerade schneiden. Die Knollen waschen, halbieren, in kochendes Salzwasser geben, zum Kochen bringen und etwa 5 Minuten kochen lassen. Den Fenchel herausnehmen und schuppenförmig in den gewässerten Römertopf legen.

2. Die Zwiebel abziehen und würfeln. Tomaten kurze Zeit in kochendes Wasser legen (nicht kochen lassen), in kaltem Wasser abschrecken, enthäuten, die Stängelansätze herausschneiden und die Tomaten in Stücke schneiden.

3. Die Butter zerlassen, die Zwiebelwürfel darin hellgelb dünsten lassen, die Tomatenstücke dazugeben und mitdünsten lassen. Wasser, Thymian, Basilikum und Lorbeerblatt hinzufügen und etwa 5 Minuten dünsten lassen.

4. Mit Salz und Pfeffer abschmecken, über die Fenchelknollen geben und mit Emmentaler bestreuen. Den Römertopf mit dem Deckel verschließen und auf dem Rost in den kalten Backofen schieben.

Ober-/Unterhitze: 200–220 °C
Heißluft: 180–200 °C
Gas: Stufe 4–5
Garzeit: etwa 30 Minuten.

DIE ZUTATEN:

4 AUBERGINEN (JE 200 g)
SALZ
150 g PORREE (LAUCH), VORBEREITET GEWOGEN
½ GLAS (ABTROPFGEWICHT ETWA 75 g) GETROCKNETE TOMATEN IN ÖL
200 g VOLLKORNREIS
2–3 TL KRÄUTER DER PROVENCE
500 ml (½ l) GEMÜSEBRÜHE
SALZ
FRISCH GEMAHLENER PFEFFER
PAPRIKA ROSENSCHARF
2 DOSEN (JE 425 ml) PIZZATOMATEN

GEFÜLLTE AUBERGINEN

1. Die Auberginen waschen, putzen und der Länge nach halbieren. Das Fruchtfleisch kreuzweise einritzen, dabei rundherum einen etwa 1 cm breiten Rand lassen. Die Auberginenhälften salzen und 30 Minuten durchziehen lassen.

2. Den Porree der Länge nach aufschneiden, waschen und in halbe Ringe schneiden. Getrocknete Tomaten abtropfen lassen, dabei das Öl auffangen und 2 Esslöffel davon in einem Topf erhitzen.

3. Die Tomaten hacken und mit Porree, Reis und 1 Teelöffel der Kräuter in dem erhitzten Öl andünsten. Mit Brühe ablöschen und zugedeckt bei milder Hitze etwa 25 Minuten dünsten.

4. Die Auberginenhälften umdrehen, abtropfen lassen, das Fruchtfleisch (bis auf den markierten Rand) auslösen und würfeln. Reis mit Salz, Pfeffer und Paprika würzen und in die Auberginen füllen.

5. Die Pizzatomaten, Auberginenwürfel und restliche Kräuter mischen, mit Salz, Pfeffer, Paprika würzen und in den gewässerten Römertopf füllen. Die gefüllten Auberginen darauf setzen. Den Topf mit dem Deckel verschließen und auf dem Rost in den kalten Ofen schieben.

Ober-/Unterhitze: etwa 200 °C, **Heißluft:** etwa 180 °C
Gas: etwa Stufe 4, **Backzeit:** etwa 60 Minuten.

6. Die Auberginen mit der Tomaten-Auberginensauce anrichten.

KICHERERBSENCURRY MIT MANGO

. Die Kichererbsen über Nacht in Wasser einweichen.

. Die abgetropften Kichererbsen und die Brühe in den gewässerten Römertopf eben, mit dem Deckel verschließen und auf dem Rost in den kalten Backofen chieben.

ber-/Unterhitze: 200–220 °C, **Heißluft:** 180–200 °C
as: Stufe 4–5, **Garzeit:** etwa 1 ½ Stunde.

. Den Ingwer schälen und in kleine Würfel schneiden. Den Sellerie schälen, aschen und in Würfel schneiden. Frühlingszwiebeln putzen, waschen, in 3 cm nge Stücke schneiden.

. Die drei Zutaten nach etwa 50 Minuten Garzeit zu den Kichererbsen geben mit urry, Kreuzkümmel, Zimt, Koriander, Salz und Pfeffer würzen, mit dem Deckel erschließen und etwa 30 Minuten garen.

. Den Joghurt unterrühren. Die Mango schälen, das Fruchtfleisch vom Kern lösen, Stücke schneiden und unterheben. Den Römertopf schließen, noch etwa 10 Minun in den ausgeschalteten, noch warmen Backofen stellen.

. Das Curry mit Kerbelblättchen und Sesam bestreut servieren.

DIE ZUTATEN:

200–250 g KICHERERBSEN
500–625 ml HEISSE GEMÜSEBRÜHE
30 g INGWER
350 g KNOLLENSELLERIE
2 BUND FRÜHLINGSZWIEBELN
1–2 EL CURRYPULVER
1 TL GEMAHLENER KREUZKÜMMEL
½ TL GEMAHLENER ZIMT
ETWAS GEMAHLENER KORIANDER
SALZ
FRISCH GEMAHLENER PFEFFER
150 g JOGHURT
1 REIFE MANGO (ETWA 500 g)
KERBELBLÄTTCHEN
30 g GERÖSTETE SESAMSAMEN

DIE ZUTATEN:

2 GLÄSER SCHWARZWURZELN (JE 320 g ABTROPFGEWICHT)
4 EIER
300 g CRÈME FRAÎCHE
SALZ
FRISCH GEMAHLENER PFEFFER
GEMAHLENE MUSKATNUSS
2 BUND FRÜHLINGSZWIEBELN
40 g PINIENKERNE

SCHWARZWURZEL-GRATIN

(FOTO)

1. Die Schwarzwurzeln auf ein Sieb geben und abtropfen lassen. Die Eier und Crème fraîche verrühren und mit Salz, Pfeffer und Muskat würzen. Die Frühlingszwiebeln putzen, waschen und in dünne Ringe schneiden.

2. Die Schwarzwurzeln und Frühlingszwiebelringe mischen und in den gewässerten Römertopf geben. Die Eiermasse darüber gießen und mit Pinienkernen bestreuen. Den Topf mit dem Deckel verschließen und auf dem Rost in den kalten Backofen schieben.

Ober-/Unterhitze: etwa 220 °C, **Heißluft:** etwa 200 °C
Gas: etwa Stufe 5, **Garzeit:** etwa 30 Minuten.

3. Den Deckel abnehmen und das Gemüse bei gleicher Temperatur noch 15–20 Minuten überbacken.

Tipp:
Dazu passen Lammkoteletts mit Kräuterbutter.

DIE ZUTATEN:

1 kg BLUMENKOHL
SALZ
200 g SPAGHETTI
200 g ROHER ODER GEKOCHTER SCHINKEN
250 ml (1/4 l) SCHLAGSAHNE
4 EIER
FRISCH GEMAHLENER PFEFFER
GERIEBENE MUSKATNUSS
30 g GERIEBENER PARMESAN

BLUMENKOHLAUFLAUF MIT SCHINKEN

1. Den Blumenkohl von Blättern, schlechten Stellen und dem Strunk befreien, evtl. einige Zeit in kaltes Salzwasser legen, um Raupen und Insekten zu entfernen. Den Blumenkohl in Röschen teilen, in kochendes Salzwasser legen, zum Kochen bringen und etwa 8 Minuten kochen lassen.

2. Die Spaghetti in Stücke brechen und in reichlich kochendem Salzwasser nach Packungsanleitung bissfest kochen. Die garen Spaghetti auf ein Sieb geben, mit kaltem Wasser übergießen und abtropfen lassen.

3. Den Schinken in Würfel schneiden. Nudeln, Blumenkohlröschen und Schinken abwechselnd in den gewässerten Römertopf schichten.

4. Die Sahne mit Eiern verschlagen, mit Salz, Pfeffer und Muskat würzen, über den Auflauf gießen und mit Parmesan bestreuen. Den Römertopf mit dem Deckel verschließen und auf dem Rost in den kalten Backofen schieben.

Ober-/Unterhitze: 200–220 °C, **Heißluft:** 180–200 °C
Gas: Stufe 4–5, **Garzeit:** etwa 60 Minuten.

DIE ZUTATEN:

FÜR DEN TEIG:
- 175 g WEIZENMEHL
- 1 MSP. BACKPULVER
- 1 EIGELB
- 100 g BUTTER
- SALZ

FÜR DEN BELAG:
- JE 1 GELBE UND ROTE PAPRIKASCHOTE
- 1 CHILISCHOTE
- 1 DOSE GEMÜSEMAIS (ABTROPFGEWICHT 285 g)
- 1 BUND FRÜHLINGS-ZWIEBELN
- 3 EIER (GRÖSSE M)
- 250 ml (1/4 l) SCHLAGSAHNE
- FRISCH GEMAHLENER PFEFFER
- CAYENNEPFEFFER
- 100 g SCHAFSKÄSE
- 30 g BUTTER
- 8 TACOSCHALEN

Gemüsetorte mit Tacos

1. Für den Teig das Mehl mit Backpulver in eine Schüssel sieben. Eigelb, Butter und etwas Salz hinzufügen. Die Zutaten mit dem Handrührgerät mit Knethaken gut durcharbeiten.

2. Ihn anschließend auf der bemehlten Arbeitsfläche zu einem glatten Teig verkneten. Den Teig etwa 60 Minuten kalt stellen.

3. Für den Belag die Paprika halbieren, entstielen, entkernen, die weißen Scheidewände entfernen, die Schoten waschen und in Streifen schneiden. Die Chilischote halbieren, entkernen, entstielen, waschen und in Streifen schneiden.

4. Den Mais auf einen Sieb abtropfen lassen. Die Frühlingszwiebeln putzen, waschen und in Scheiben schneiden. Die vorbereiteten Zutaten miteinander vermengen.

5. Den Teig auf einer schwach bemehlten Arbeitsfläche zu einer runden Platte (Ø 34 cm) ausrollen, eine gefettete Farmhaus-Quiche-Form damit auskleiden, den Rand etwas andrücken. Die vorbereiteten Zutaten darauf verteilen.

6. Die Eier mit Sahne verrühren und mit Salz, Pfeffer und Cayennepfeffer würzen. Den Schafskäse zerbröckeln, unterrühren und die Masse auf das Gemüse geben. Die Butter in Flöckchen darauf setzen. Die Form auf dem Rost in den kalten Backofen schieben.

Ober-/Unterhitze: etwa 200 °C, **Heißluft:** etwa 180 °C
Gas: etwa Stufe 4, **Backzeit:** etwa 40 Minuten.

7. Nach Beendigung der Garzeit die Tacoschalen längs durchbrechen, die 12 Tacos in die Oberfläche der Quiche stecken und den Auflauf noch etwa 5 Minuten in den ausgeschalteten, noch warmen Backofen schieben.

Grüne Quiche

1. Für den Teig das Mehl in eine Schüssel sieben. Die restlichen Zutaten hinzufügen, mit dem Handrührgerät mit Knethaken gut durcharbeiten. Ihn anschließend auf einer leicht bemehlten Arbeitsfläche zu einem glatten Teig verkneten und etwa 60 Minuten kalt stellen.

2. Für den Belag die Frühlingszwiebeln und Broccoli putzen, waschen, die Frühlingszwiebeln längs halbieren, den Broccoli in kleine Röschen zerteilen. Beide Zutaten in kochendem Salzwasser etwa 2 Minuten blanchieren, anschließend auf ein Sieb geben, mit kaltem Wasser übergießen und abtropfen lassen.

3. Den Spinat sorgfältig verlesen, die groben Stiele entfernen, den Spinat in kochendem Salzwasser etwa 2 Minuten blanchieren, mit kaltem Wasser übergießen und gut ausdrücken. Ihn mit den abgespülten, trockengetupften Kräutern pürieren oder fein hacken.

4. Die Eier mit Sahne verschlagen. Den Gouda reiben, unter die Eier rühren und mit Salz, Pfeffer und Muskat abschmecken. Die Spinat-Kräuter-Masse unterrühren.

5. Den Teig zwischen Frischhaltefolie zu einer runden Platte ausrollen (Ø etwa 34 cm) und eine gefettete Farmhaus-Quiche-Form damit auslegen. Schinken in kleine Würfel schneiden und mit Frühlingszwiebeln und Broccoliröschen auf den Teigboden geben. Die Spinat-Käse-Masse darüber geben und mit Pinienkernen bestreuen. Die Form auf dem Rost in den kalten Backofen schieben.

Ober-/Unterhitze: etwa 200 °C, **Heißluft:** etwa 180 °C
Gas: etwa Stufe 4, **Backzeit:** 30–40 Minuten.

DIE ZUTATEN:

FÜR DEN TEIG:
200 g WEIZENMEHL (TYPE 550)
100 g BUTTER
1 EIGELB
½ TL SALZ
2 EL KALTES WASSER

FÜR DEN BELAG:
2 BUND FRÜHLINGSZWIEBELN
500 g BROCCOLI
SALZ, 150 g SPINAT
3 BUND KRÄUTER, Z.B. KERBEL, PETERSILIE, SCHNITTLAUCH
4 EIER
200 ml SCHLAGSAHNE
150 g GOUDA
PFEFFER
GERIEBENE MUSKATNUSS
200 g MAGERER, MILDER SCHINKEN
2 EL PINIENKERNE

Kartoffelauflauf mit Bacon *(Foto)*

Die Zutaten:

750 g mehlig kochende Kartoffeln
1 Bund Frühlingszwiebeln
150 g Bacon (Frühstücksspeck)
Salz
frisch gemahlener Pfeffer
125 ml (1/8 l) Gemüsebrühe
40 g Semmelbrösel
50 g Butter

1. Die Kartoffeln waschen, schälen, abspülen und in Scheiben schneiden. Die Frühlingszwiebeln putzen, waschen und in feine Scheiben schneiden.

2. Eine gewässerte Farmhaus-Kastenform mit dem Bacon auslegen. Die Kartoffel- und Frühlingszwiebelscheiben abwechselnd in die Form einschichten, dabei jede Schicht mit Salz und Pfeffer bestreuen. Die letzte Schicht sollte aus Kartoffeln bestehen.

3. Die Gemüsebrühe darüber geben, mit Semmelbröseln bestreuen und die Butter in Flöckchen darauf setzen. Die Kastenform auf dem Rost in den kalten Backofen schieben.

Ober-/Unterhitze: etwa 200 °C
Heißluft: etwa 180 °C
Gas: etwa Stufe 4
Garzeit: etwa 50 Minuten.

Spinatauflauf

Die Zutaten:

800 g Blattspinat
40 g Butter
Salz
frisch gemahlener Pfeffer
1 kg mehlig kochende Kartoffeln
knapp 250 ml (1/4 l) Milch
25 g Butter
geriebene Muskatnuss
4 Eier
2 EL Semmelbrösel
40 g Butter

Tipp:
Anstelle des frischen Spinats kann auch Tk-Blattspinat verwendet werden.

1. Den Spinat verlesen, waschen und gut abtropfen lassen. Die Butter in einem großen Topf zerlassen, den Spinat darin kurz andünsten und mit Salz und Pfeffer würzen.

2. Die Kartoffeln waschen, schälen, abspülen, in Stücke schneiden, in Salzwasser zum Kochen bringen und in etwa 20 Minuten gar kochen lassen. Die garen Kartoffeln abgießen, sofort durch die Kartoffelpresse geben oder möglichst fein zerstampfen.

3. Die Milch mit der Butter aufkochen, hinzufügen und den Kartoffelbrei so lange schlagen, bis er weißschaumig ist. Mit Salz und Muskat abschmecken und etwas abkühlen lassen. Die Hälfte des Kartoffelbreis in den gewässerten Römertopf geben, den Spinat darauf verteilen und mit einem Esslöffel 4 Vertiefungen in den Spinat drücken.

4. Die Eier einzeln aufschlagen und in jede Vertiefung 1 Ei geben. Den restlichen Kartoffelbrei vorsichtig darüber verteilen, mit Semmelbröseln bestreuen und die Butter in Flöckchen darauf legen. Den Römertopf mit dem Deckel verschließen und auf dem Rost in den kalten Backofen schieben.

Ober-/Unterhitze: 200–220 °C
Heißluft: 180–200 °C
Gas: Stufe 4–5
Garzeit: 45–50 Minuten.

FARMHAUS

Fleisch und Fisch

Fleisch und Fisch

Kräuter-Roastbeef,
Rezept Seite 40

Kräuter-Roastbeef

(Foto Seite 38/39)

DIE ZUTATEN:

800 g ROASTBEEF
SALZ
FRISCH GEMAHLENER PFEFFER
2 EL SPEISEÖL
2 KNOBLAUCHZEHEN
1 BRÖTCHEN (SEMMEL)
1 EI
1 TL SENF
1 EL GEHACKTE, GLATTE PETERSILIE
1 TL GEHACKTE THYMIANBLÄTTCHEN
1 TL GEHACKTE BASILIKUMBLÄTTCHEN
2 EL SPEISEÖL
100 ml FLEISCHBRÜHE

1. Das Roastbeef unter fließendem kalten Wasser abspülen und trockentupfen. Die Fettkanten abschneiden und das Fleisch mit Salz und Pfeffer bestreuen. Das Öl in den gewässerten Römertopf geben und das Roastbeef hineinlegen.

2. Den Knoblauch abziehen, durch die Knoblauchpresse drücken und mit Salz und Pfeffer verrühren. Das Brötchen in feine Würfel schneiden und mit dem Knoblauch vermengen.

3. Ei, Senf, Petersilie, Thymian, Basilikum und Öl unter die Brötchen-Knoblauch-Mischung rühren und die Masse auf dem Roastbeef verteilen.

4. Die Fleischbrühe hinzugießen. Den Römertopf mit dem Deckel verschließen und auf dem Rost in den kalten Backofen schieben.

Ober-/Unterhitze: etwa 200 °C
Heißluft: etwa 180 °C
Gas: etwa Stufe 4
Garzeit: 60–70 Minuten.

5. Das gare Fleisch etwa 10 Minuten ruhen lassen, damit sich der Fleischsaft setzt. Das Fleisch anschließend in Scheiben schneiden.

Deftiger Nackenbraten

(Foto)

DIE ZUTATEN:

1 kg NACKENBRATEN OHNE KNOCHEN
2–3 STIELE PETERSILIE
4 STIELE THYMIAN
SALZ
FRISCH GEMAHLENER PFEFFER
1 EL MITTELSCHARFER SENF
800 g KARTOFFELN
200 ml HEISSE GEMÜSEBRÜHE
500 g SUPPENGRÜN
ETWA 6 WACHOLDERBEEREN
1–2 LORBEERBLÄTTER
PETERSILIE ZUM GARNIEREN

1. Das Fleisch unter fließendem kalten Wasser abspülen, trockentupfen. Die Kräuter waschen, von den Stängeln zupfen und hacken. Das Fleisch mit Salz, Pfeffer einreiben, mit Senf bestreichen und mit Kräutern bestreuen.

2. Die Kartoffeln schälen, waschen, in Stücke schneiden. Die Kartoffeln mit Salz, Pfeffer bestreuen und mit dem Fleisch in den gewässerten Römertopf geben. Die Brühe angießen. Mit dem Deckel verschließen und in den kalten Backofen stellen.

Ober-/Unterhitze: etwa 200 °C
Heißluft: etwa 180 °C
Gas: etwa Stufe 4
Garzeit: 2–2 ¼ Stunden.

3. Inzwischen das Suppengrün putzen, waschen und in Stücke schneiden. Nach 1 Stunde mit in den Römertopf geben. Mit Wacholderbeeren und Lorbeerblatt würzen. Den Braten in Scheiben schneiden, mit dem Gemüse und mit Petersilie garniert servieren.

DIE ZUTATEN:

2 SCHEIBEN TOASTBROT
1 ZWIEBEL
2 MÖHREN
1 BUND FRÜHLINGS-ZWIEBELN
1 DOSE GEMÜSEMAIS (ABTROPFGEWICHT 285 g)
700 g GEHACKTES (HALB RIND-, HALB SCHWEINEFLEISCH)
75 g SPEISEQUARK
2 EIER (GRÖSSE M)
2–3 TL MITTELSCHARFER SENF, SALZ, PFEFFER
2 EL GEHACKTE PETERSILIE
70 g FRÜHSTÜCKSSPECK, IN DÜNNEN SCHEIBEN
125 ml (1/8 l) GEMÜSE-BRÜHE
100 g CRÈME FRAÎCHE
1–2 EL DUNKLER SAUCEN-BINDER, SENF

BUNTER HACKBRATEN

1. Das Toastbrot in kaltem Wasser einweichen. Die Zwiebel abziehen und würfeln. Die Möhren putzen, schälen, waschen und in kleine Würfel schneiden. Die Frühlingszwiebeln putzen, waschen und in dünne Scheiben schneiden. Den Mais in einem Sieb abspülen und abtropfen lassen.

2. Das Toastbrot ausdrücken. Das Gehackte mit Gemüse, Brot, Quark, Eiern, Senf, Salz, Pfeffer und Petersilie verkneten. Die Fleischmasse abschmecken, zu einem Laib formen, in den gewässerten Römertopf legen und mit den Speckscheiben belegen. Den Topf mit dem Deckel verschließen und auf dem Rost in den kalten Backofen schieben.

Ober-/Unterhitze: 200–220 °C
Heißluft: 180–200 °C
Gas: Stufe 4–5
Garzeit: etwa 70 Minuten.

3. Etwa 15 Minuten vor Beendigung der Garzeit den Deckel abnehmen und den Hackbraten fertig garen.

4. Den garen Braten auf eine Platte legen und mit dem Topfdeckel abdecken. Die Garflüssigkeit in einen Topf gießen und mit Gemüsebrühe und Crème fraîche aufkochen. Unter Rühren den Saucenbinder einstreuen und die Sauce damit binden. Die Sauce mit Pfeffer und Senf abschmecken. Den Hackbraten aufschneiden und mit der Sauce servieren.

Kalbsragout mit Gemüse

1. Das Kalbfleisch unter fließendem kalten Wasser abspülen, trockentupfen und in etwa 2 cm große Würfel schneiden. Zitronensaft und -schale mit Salz, Pfeffer, Thymian und Senf verrühren und zusammen mit den Lorbeerblättern und den Fleischwürfeln mischen.

2. Die Zwiebeln abziehen und in Stücke schneiden. Kartoffeln und Möhren, waschen, schälen und würfeln. Porree putzen, waschen und in Streifen schneiden. Den Wirsing waschen und in Streifen schneiden.

3. Das Gemüse mit den Fleischwürfeln mischen und in den gewässerten Römertopf geben. Den Speck darauf legen, den Topf mit dem Deckel verschließen und auf dem Rost in den kalten Backofen schieben.

Ober-/Unterhitze: 200–220 °C
Heißluft: 180–200 °C
Gas: Stufe 4–5
Garzeit: etwa 90 Minuten.

4. Das gare Ragout umrühren und mit den Gewürzen abschmecken.

DIE ZUTATEN:

600 g KALBFLEISCH (OHNE KNOCHEN, Z.B. NACKEN)
SAFT VON 1 ZITRONE
ETWAS ABGERIEBENE ZITRONENSCHALE (UNBEHANDELT)
SALZ
FRISCH GEMAHLENER PFEFFER
1 TL GEREBELTER THYMIAN
2 TL SENF
2 LORBEERBLÄTTER
4 ZWIEBELN
2 KARTOFFELN
3 MÖHREN
1 STANGE PORREE (LAUCH)
150 g WIRSING
4 SCHEIBEN DURCHWACHSENER SPECK

Tipp:
Nach Belieben noch saure Sahne unterrühren.

DIE ZUTATEN:

½ GLAS GETROCKNETE TOMATEN IN ÖL (ABTROPFGEWICHT ETWA 75 g)
4 LAMMHAXEN (JE ETWA 350 g)
100 g DURCHWACHSENER SPECK
1 BUND DILL
SALZ
FRISCH GEMAHLENER PFEFFER
400 ml LAMMFOND (AUS DEM GLAS)
6–8 EL TROCKENER WEISSWEIN
1–2 EL HELLER SAUCENBINDER

Lammhaxen in Dillsauce

(Foto)

1. Die Tomaten abtropfen lassen (dabei das Öl auffangen) und in Würfel schneiden. Das Fleisch unter fließendem kalten Wasser abspülen und trockentupfen. Den Speck in etwa ½ cm breite Stifte schneiden und die Haxen damit spicken. Dafür das Lammfleisch mehrmals mit einem spitzen Messer etwa 1 cm tief einstechen, die Kerben mit dem Messer auseinander drücken und jeweils 1 Stück Speck hineinstecken.

2. Den Dill abspülen, trockentupfen und die Hälfte hacken. Das Fleisch rundherum mit Salz, Pfeffer und gehacktem Dill einreiben und in den gewässerten Römertopf legen. Die Tomatenwürfel, 2 Esslöffel von dem aufgefangenen Öl und Lammfond in den Topf geben und mit dem Deckel verschließen. Den Römertopf auf dem Rost in den kalten Backofen schieben.

Ober-/Unterhitze: etwa 220 °C
Heißluft: etwa 200 °C
Gas: etwa Stufe 5
Garzeit: etwa 90 Minuten.

3. Den Deckel abnehmen und die Haxe weitere 15 Minuten garen.

4. Den Garfond in einen Topf gießen, Weißwein dazugeben, aufkochen lassen und nach Belieben den Saucenbinder unterrühren. Die Sauce mit Salz und Pfeffer würzen. Die restlichen Dillzweige abzupfen und über das Fleisch streuen. Die Sauce dazu servieren.

DIE ZUTATEN:

500 g ROTE LINSEN
500 ml (½ l) FLEISCHBRÜHE
4 EL TOMATENMARK
EINIGE TROPFEN TABASCOSAUCE ODER 1–2 KLEIN GESCHNITTENE PEPERONI (AUS DEM GLAS)
750 g KASSELER-NACKEN (OHNE KNOCHEN)

Rote Linsen mit Kasseler

1. Die Linsen abspülen, mit Brühe und Tomatenmark, Tabascosauce oder Peperoni in den gewässerten Römertopf geben und verrühren. Das Kasseler unter fließendem kalten Wasser abspülen, trockentupfen und auf die Linsen legen.

2. Den Römertopf mit dem Deckel verschließen und auf dem Rost in den kalten Backofen schieben.

Ober-/Unterhitze: 200–220 °C
Heißluft: 180–200 °C
Gas: Stufe 4–5
Garzeit: etwa 65 Minuten.

3. Die Linsen während der Garzeit einmal durchrühren. Das Gericht vor dem Servieren nach Belieben nochmal mit Tabascosauce abschmecken.

DIE ZUTATEN:

- 1–1,2 KG SCHWEINE-NACKENBRATEN (OHNE KNOCHEN)
- SALZ
- FRISCH GEMAHLENER PFEFFER
- 150 ml GEMÜSEBRÜHE
- 200 g ZWIEBELN
- 200 g MÖHREN
- 500 g KÜRBIS (ERGIBT ETWA 250 g KÜRBISFLEISCH)
- 1 GELBE PAPRIKASCHOTE
- 1 KLEINER TOPF THYMIAN (ERSATZWEISE 2–3 TL GEREBELTER THYMIAN)
- 2 DOSEN ROTE BOHNEN (JE 250 G ABTROPFGEWICHT)
- PAPRIKAPULVER ROSENSCHARF
- 1–2 LORBEERBLÄTTER

Schweinebraten mit roten Bohnen

1. Den Nackenbraten unter fließendem kalten Wasser abspülen, trockentupfen und rundherum mit Salz und Pfeffer einreiben. Den Braten mit der Brühe in den gewässerten Römertopf geben. Den Topf mit dem Deckel verschließen und auf dem Rost in den kalten Backofen schieben.

Ober-/Unterhitze: 200–220 °C, **Heißluft:** 180–200 °C
Gas: Stufe 4–5, **Garzeit:** 95–110 Minuten.

2. In der Zwischenzeit Zwiebeln abziehen und in Ringe schneiden. Möhren putzen, schälen, waschen und in Scheiben schneiden. Kürbis in schmale Spalten schneiden und schälen. Die Spalten je nach Größe quer halbieren oder dritteln.

3. Paprika vierteln, entstielen, entkernen, die weißen Scheidewände entfernen, die Schoten waschen und quer in Streifen schneiden. Thymianzweige abschneiden, kalt abspülen und trockentupfen. Die Bohnen auf ein Sieb geben, kalt abspülen und abtropfen lassen.

4. Das vorbereitete Gemüse mit den Bohnen mischen und mit Salz, Pfeffer und Paprika würzen.

5. Nach etwa 50 Minuten Garzeit die Gemüse-Bohnen-Mischung, Lorbeerblätter und die Hälfte des Thymians in den Römertopf geben. Zugedeckt 40–50 Minuten weitergaren. Dann weitere 5–10 Minuten ohne Deckel garen.

6. Den Braten aus dem Topf nehmen und warm stellen. Das Gemüse nach Belieben mit den Gewürzen abschmecken. Den restlichen Thymian in kleine Zweige zupfen. Den Braten aufschneiden, mit dem Gemüse servieren und mit Thymian garnieren.

SCHWEINEBRATEN MIT ZITRONENSAUCE

1. Das Fleisch unter fließendem kalten Wasser abspülen, trockentupfen und mit 1 Esslöffel Sojasauce einreiben.

2. Die Chilischoten putzen, waschen, halbieren, entkernen und die weißen Scheidewände entfernen. Die Knoblauchzehen unabgezogen mit einem Messer flachdrücken, mit Fleisch, Chilischoten, Wasser und der restlichen Sojasauce in den gewässerten Römertopf geben. Den Topf mit dem Deckel verschließen und auf dem Rost in den kalten Backofen schieben.

Ober-/Unterhitze: 200–220 °C, **Heißluft:** 180–200 °C
Gas: Stufe 4–5, **Garzeit:** etwa 100 Minuten.

3. In der Zwischenzeit die Zitrone waschen, abtrocknen und in Scheiben schneiden. Den Staudensellerie putzen, waschen, die harten Außenfäden abziehen und die Stängel in Scheiben schneiden (das Grün aufbewahren).

4. Nach etwa 60 Minuten Garzeit Zitronen- und Selleriescheiben in den Römertopf geben und alles zugedeckt fertig garen.

5. Das gare Fleisch aus dem Römertopf nehmen und warm stellen. Die Sauce durch ein Sieb in einen Topf gießen, zum Kochen bringen und mit Saucenbinder binden. Die Sauce mit Salz, Pfeffer und Zitronensaft abschmecken.

6. Das Fleisch aufschneiden, mit der Sauce anrichten und mit dem zurückgelassenen Selleriegrün garnieren.

DIE ZUTATEN:

1,5 kg SCHWEINE-ROLLBRATEN (AUS DER SCHULTER)
4 EL SOJASAUCE
2 ROTE CHILISCHOTEN
2 GRÜNE CHILISCHOTEN
3–4 KNOBLAUCHZEHEN
250 ml (1/4 l) WASSER
1 ZITRONE (UNBEHANDELT)
350 g STAUDENSELLERIE
2–3 EL SAUCENBINDER
SALZ
FRISCH GEMAHLENER PFEFFER
2–3 EL ZITRONENSAFT

Tipp:
Dazu passen karamellisierte Möhren.

DIE ZUTATEN:

1 kg KALBSBRATEN (AUS DER NUSS)
2 MÖHREN
1 ZWIEBEL
SALZ
BUNTER PFEFFER
JE ½ BUND BASILIKUM UND THYMIAN
6 EL SHERRY
150 ml KLARE BRÜHE (INSTANT)
4 TOMATEN
10 PAPRIKAGEFÜLLTE OLIVEN

KALBSBRATEN *(FOTO)*

1. Den Römertopf in kaltem Wasser 15 Minuten wässern. Das Fleisch unter fließendem kalten Wasser abspülen und trockentupfen. Die Möhren schälen, waschen und in Scheiben schneiden. Die Zwiebel abziehen und in Ringe schneiden.

2. Das Fleisch mit Salz und Pfeffer würzen und auf das Gemüse in den Römertopf legen. Die Kräuter waschen. Etwas Basilikum zum Garnieren beiseite legen. Den Rest fein hacken und über das Fleisch streuen. Den Sherry angießen und die Brühe zugießen. Zugedeckt auf dem Rost in den kalten Backofen schieben.

Ober-/Unterhitze: etwa 220 °C
Heißluft: etwa 200 °C
Gasherd: etwa Stufe 5
Garzeit: etwa 2 Stunden.

3. 15–20 Minuten vor Ende der Garzeit die gewaschenen, halbierten, vom Stängelansatz befreiten Tomaten und die Oliven zufügen und abgedeckt oder nach Belieben offen zu Ende garen. Mit Basilikum garniert servieren.

DIE ZUTATEN:

2 BRÖTCHEN (SEMMELN)
1 ZWIEBEL
500 g RINDER- ODER SCHWEINELEBER
40 g FETTER SPECK
1 EI
2 EL SAURE SAHNE
SALZ
FRISCH GEMAHLENER PFEFFER
GEREBELTER MAJORAN
EINIGE DÜNNE SCHEIBEN FETTER SPECK

LEBERTERRINE

1. Die Brötchen in kaltem Wasser einweichen und ausdrücken. Die Zwiebel abziehen.

2. Die Leber unter fließendem kalten Wasser abspülen, trockentupfen und mit der Zwiebel und dem Speck durch den Fleischwolf drehen.

3. Die Masse mit Brötchen, Ei und saurer Sahne vermengen und mit Salz, Pfeffer und Majoran abschmecken. Einen Teil der Speckscheiben in den gewässerten Römertopf legen, die Lebermasse darauf geben, glatt streichen und mit den restlichen Speckscheiben belegen. Den Römertopf mit dem Deckel verschließen und auf dem Rost in den kalten Backofen schieben.

Ober-/Unterhitze: 200–220 °C
Heißluft: 180–200 °C
Gas: Stufe 4–5
Garzeit: etwa 60 Minuten.

4. Die gare Leberterrine im Römertopf erkalten lassen.

Beigabe: Blattsalat, Cumberlandsauce, Brot.

DIE ZUTATEN:

250 g GRÜNE BOHNEN
400 g KARTOFFELN
½ GEMÜSEZWIEBEL (ETWA 150 g)
250 g CHAMPIGNONS
SALZ
FRISCH GEMAHLENER PFEFFER
GEREBELTES BOHNENKRAUT
50 g BUTTER
600 g KABELJAUFILET
EVTL. 4 EL SCHMAND ODER CRÈME FRAÎCHE

GEMÜSE-FISCH-TOPF

(3–4 PORTIONEN, FOTO)

1. Die Enden der grünen Bohnen abschneiden, die Bohnen evtl. abfädeln, waschen und in Stücke schneiden oder brechen. Die Kartoffeln waschen, schälen, abspülen und in kleine Würfel schneiden.

2. Die Zwiebel abziehen, halbieren und in Scheiben schneiden. Die Champignons putzen, mit Küchenpapier abreiben, evtl. abspülen und in Stücke schneiden.

3. Die vorbereiteten Zutaten mischen, mit Salz, Pfeffer und Bohnenkraut würzen, in den gewässerten Römertopf (Fischtopf) geben und Butter in Flöckchen darauf verteilen. Den Topf mit dem Deckel verschließen und auf dem Rost in den kalten Backofen schieben.

Ober-/Unterhitze: etwa 220 °C, **Heißluft:** etwa 200 °C
Gas: etwa Stufe 5, **Garzeit:** etwa 65 Minuten.

4. In der Zwischenzeit das Kabeljaufilet unter fließendem kalten Wasser abspülen, trockentupfen, mit Salz und Pfeffer bestreuen und in große Würfel schneiden. Nach etwa 50 Minuten Garzeit den Kabeljau auf das Gemüse geben und noch 15 Minuten weitergaren.

5. Nach Belieben zum Schluss noch Schmand oder Crème fraîche unter den Gemüse-Fisch-Topf rühren.

DIE ZUTATEN:

4 ROTBARSCHFILETS (JE 150 g)
ZITRONENSAFT
SALZ
8 SCHEIBEN SCHINKENSPECK
SENF
FRISCH GEMAHLENER PFEFFER
ETWA 800 g PORREE (LAUCH)
50 g BUTTER
1 EL SCHNITTLAUCHRÖLLCHEN
ZITRONENSCHEIBEN

FISCHROLLEN AUF LAUCHGEMÜSE

1. Die Rotbarschfilets unter fließendem kalten Wasser abspülen, trockentupfen, mit Zitronensaft beträufeln, trockentupfen und mit Salz bestreuen. Je 1 Fischfilet mit 2 Scheiben Speck belegen, die Speckscheiben mit Senf bestreichen, mit Pfeffer bestreuen und aufrollen.

2. Den Porree putzen, längs halbieren, waschen und in etwa 2 cm lange Stücke schneiden. Den Porree in den gewässerten Römertopf geben und mit Salz und Pfeffer würzen. Die Fischrollen darauf legen.

3. Die Butter in Flöckchen darauf setzen. Den Römertopf mit dem Deckel verschließen und auf dem Rost in den kalten Backofen schieben.

Ober-/Unterhitze: 200–220 °C, **Heißluft:** 180–200 °C
Gas: Stufe 4–5, **Garzeit:** etwa 60 Minuten.

4. Die garen Fischrollen mit Schnittlauch bestreuen, mit Zitronenscheiben anrichten.

DIE ZUTATEN:

700 g GEMÜSEZWIEBELN
1–2 KNOBLAUCHZEHEN
125 ml (1/8 l) FISCHFOND (AUS DEM GLAS)
3 EL OLIVENÖL
JE 1 KLEINE GRÜNE, ROTE UND GELBE PAPRIKASCHOTE
30 g SCHWARZE, ENTSTEINTE OLIVEN
4 STÜCKE VIKTORIABARSCHFILET (JE 150 g)
1 EL ZITRONENSAFT
SALZ
FRISCH GEMAHLENER PFEFFER
1 TL GEHACKTE ROSMARINNADELN
3 EL OLIVENÖL

VIKTORIABARSCH MIT ZWIEBEL-PAPRIKAGEMÜSE

1. Die Zwiebeln abziehen, halbieren und in halbe Ringe schneiden. Den Knoblauch abziehen und in Scheiben schneiden.

2. Die Zwiebeln und Knoblauch mit Fischfond und Öl in den gewässerten Römertopf geben, mit dem Deckel verschließen und auf dem Rost in den kalten Backofen schieben.

Ober-/Unterhitze: etwa 200 °C
Heißluft: etwa 180 °C
Gas: etwa Stufe 4
Garzeit: etwa 60 Minuten.

3. In der Zwischenzeit die Paprika halbieren, entstielen, entkernen, die weißen Scheidewände entfernen, die Schoten waschen und in Würfel schneiden. Die Oliven vierteln.

4. Das Viktoriabarschfilet unter fließendem kalten Wasser abspülen, trockentupfen, mit Zitronensaft beträufeln und trockentupfen.

5. Nach etwa 30 Minuten Garzeit das Zwiebelgemüse mit Salz und Pfeffer würzen. Das Fischfilet darauf legen, salzen und mit Rosmarin, Paprikawürfeln und Olivenviertel bestreuen. Das Ganze mit Öl beträufeln und im geschlossenen Topf fertig garen.

Neapolitanisches Fischfilet

DIE ZUTATEN:

400 g TOMATEN
250 g CHAMPIGNONS
1 ZWIEBEL
SALZ
FRISCH GEMAHLENER PFEFFER
4 SCHEIBEN ROTBARSCHFILET (JE 125 g)
75 g GERIEBENER EMMENTALER
1 EL GEHACKTE PETERSILIE
1 EL SCHNITTLAUCHRÖLLCHEN
30 g BUTTER

1. Die Tomaten kurze Zeit in kochendes Wasser legen (nicht kochen lassen), in kaltem Wasser abschrecken, enthäuten, in Stücke schneiden.

2. Die Champignons putzen, mit Küchenpapier abreiben, evtl. abspülen und in Scheiben schneiden. Die Zwiebel abziehen, fein würfeln und mit den Tomaten- und Champignonstücken vermengen. Mit Salz und Pfeffer würzen und in den gewässerten Römertopf geben.

3. Das Rotbarschfilet unter fließendem kalten Wasser abspülen, trockentupfen, mit Salz und Pfeffer bestreuen und auf das Gemüse legen.

4. Den Emmentaler mit Petersilie und Schnittlauch vermengen, auf dem Fisch verteilen und mit Butterflöckchen belegen. Den Topf mit Deckel verschließen und auf dem Rost in den kalten Backofen schieben.

Ober-/Unterhitze: etwa 200 °C
Heißluft: etwa 180 °C
Gas: etwa Stufe 4
Garzeit: etwa 45 Minuten.

DIE ZUTATEN:

- 1 kg KARTOFFELN
- 500 g SCHOLLENFILET
- ZITRONENSAFT
- SALZ
- 125 ml (1/8 l) HEISSE MILCH
- 40 g BUTTER
- 3 ZWIEBELN
- 100 g GERÄUCHERTER, DURCHWACHSENER SPECK
- 375 g TOMATEN
- FRISCH GEMAHLENER PFEFFER
- 75 g GERIEBENER EMMENTALER ODER MITTELALTER GOUDA

PIKANTER FISCHAUFLAUF

1. Die Kartoffeln waschen, schälen, abspülen, in Stücke schneiden, in Salzwasser zum Kochen bringen und in etwa 15 Minuten gar kochen lassen.

2. In der Zwischenzeit das Schollenfilet unter fließendem kalten Wasser abspülen, trockentupfen, mit Zitronensaft beträufeln, abtupfen und mit Salz bestreuen.

3. Die garen Kartoffeln abgießen, mit Milch und Butter zerstampfen, etwas abkühlen lassen und in den gewässerten Römertopf geben. Das Fischfilet darauf legen.

4. Die Zwiebeln abziehen und würfeln. Den Speck in Würfel schneiden, in einer Pfanne auslassen, die Zwiebeln darin goldgelb dünsten und über den Fisch verteilen.

5. Die Tomaten waschen, die Stängelansätze herausschneiden, die Tomaten in Scheiben schneiden, schuppenförmig auf den Fisch legen, mit Salz und Pfeffer bestreuen und den Käse darüber streuen. Den Römertopf mit dem Deckel verschließen und auf dem Rost in den kalten Backofen schieben.

Ober-/Unterhitze: 200–220 °C
Heißluft: 180–200 °C
Gas: Stufe 4–5
Garzeit: 40–50 Minuten.

Tipp:
Anstelle des frischen Fischfilets kann auch tiefgekühltes Fischfilet verwendet werden. Das Filet vor der Verarbeitung auftauen lassen.

DIE ZUTATEN:

500 g KARTOFFELN
375 ml (3/8 l) GEMÜSE-BRÜHE (INSTANT)
150 g ZUCCHINI
JE 1 KLEINE ROTE, GRÜNE UND GELBE PAPRIKA-SCHOTE
1 MÖHRE
1 STANGE PORREE (LAUCH)
1 ZWIEBEL
2 KNOBLAUCHZEHEN
EINIGE GRÜNE UND SCHWARZE PFEFFER-KÖRNER
EINIGE ROSA BEEREN
4 FORELLEN (JE 250 g) (VOM FISCHHÄNDLER ENT-GRÄTET ODER 4 DÜNNE FISCHFILETS JE 175 g)
SAFT VON 1 ZITRONE
SALZ
FRISCH GEMAHLENER PFEFFER
125 ml (1/8 l) TROCKENER WEISSWEIN
2 FRÜHLINGSZWIEBELN
1 BECHER (150 g) CRÈME FRAÎCHE
ETWAS DILL UND PETERSILIE

FORELLEN-GEMÜSETOPF

(2 PORTIONEN)

1. Die Kartoffeln schälen, waschen grob, würfeln und in der kochenden Brühe 5–10 Minuten garen. Die Zucchini putzen, waschen, der Länge nach vierteln und in Stücke schneiden.

2. Inzwischen den Paprika putzen, waschen und in Stücke schneiden. Die Möhre schälen, waschen und in Scheiben schneiden. Den Porree putzen, waschen und in Ringe schneiden. Die Zwiebel und 1 Knoblauchzehe abziehen und hacken.

3. Den Römertopf 15 Minuten wässern. Die Kartoffeln mit der Brühe mit dem Gemüse, Knoblauch und Zwiebeln mischen. Alles in den Römertopf geben. Die Pfefferkörner und Beeren zufügen.

4. Den Fisch unter fließendem kalten Wasser abspülen und abtropfen lassen. Mit der Hälfte des Zitronensaftes beträufeln, mit Salz und Pfeffer würzen. Die Filets auf das Gemüse legen, den Wein angießen. Die Frühlingszwiebeln putzen, waschen und über den Fisch streuen. Zugedeckt in den kalten Backofen stellen.

Ober-/Unterhitze: etwa 200 °C
Heißluft: etwa 180 °C
Gas: etwa Stufe 4
Garzeit: etwa 1 Stunde.

5. In der Zwischenzeit den restlichen Knoblauch abziehen und fein hacken. Die Crème fraîche, Zitronensaft und Knoblauch verrühren. Mit Salz und Pfeffer würzen. Kräuter waschen, fein hacken und unter den Dip rühren. Den Forellen-Gemüsetopf mit dem Dip servieren.

Kabeljau im Speck-Mantel (3 Portionen)

1. Den Fisch unter fließendem kalten Wasser abspülen, trockentupfen, mit Zitronensaft beträufeln, 15–20 Minuten ziehen lassen.

2. Inzwischen die Kartoffeln und die Petersilienwurzel waschen, schälen, abspülen, in dünne Scheiben hobeln oder schneiden und mit der abgezogenen, gewürfelten Zwiebel in die kochende Gemüsebrühe geben, etwa 3 Minuten kochen lassen und in den gewässerten Römertopf geben. Mit Salz, Pfeffer würzen und Lorbeerblätter zugeben.

3. Den Fisch trockentupfen, mit Salz und Pfeffer würzen und auf die Petersiliewurzel-Kartoffeln legen. Den Fisch mit den Speckscheiben belegen. Den Römertopf mit dem Deckel verschließen und in den kalten Backofen stellen.

Ober-/Unterhitze: etwa 220 °C
Heißluft: etwa 200 °C
Gas: etwa Stufe 5
Backzeit: etwa 45 Minuten.

4. Nach etwa 40 Minuten Garzeit den Deckel abnehmen und zu Ende garen. Die Petersilie abspülen, verlesen, Blättchen von den Stängeln zupfen, hacken und vor dem Servieren über den Kabeljau und das Gemüse streuen.

Beigabe: Tomaten oder Blattsalat.

Die Zutaten:

750 g Kabeljau (ohne Kopf)
2 EL Zitronensaft
750 g Kartoffeln
1 große Petersilienwurzel (etwa 225 g)
1 Zwiebel
250 ml (1/4 l) Gemüsebrühe
Salz
frisch gemahlener Pfeffer
1–2 Lorbeerblätter
100 g durchwachsener Speck, in dünnen Scheiben
1/2 Bund glatte Petersilie

GEFLÜGEL UND WILD

SCHMORHÄHNCHEN MIT APRIKOSEN,
REZEPT SEITE 60

DIE ZUTATEN:

1 KÜCHENFERTIGES HÄHNCHEN (ETWA 1, 2 kg)
SALZ
FRISCH GEMAHLENER PFEFFER
PAPRIKA EDELSÜSS
150 g SCHALOTTEN
4 MITTELGROSSE KARTOFFELN
100 g GETROCKNETE APRIKOSEN
2 ENTHÄUTETE FLEISCH-TOMATEN (ETWA 400 g)

Schmorhähnchen mit Aprikosen *(Foto Seite 58/59)*

1. Das Hähnchen unter fließendem kalten Wasser abspülen, trockentupfen, in 8 Stücke teilen und mit Salz, Pfeffer und Paprika bestreuen.

2. Die Schalotten abziehen und halbieren. Die Kartoffeln waschen, schälen, abspülen und in Spalten schneiden. Die Hähnchenteile, Schalotten, Kartoffeln und Aprikosen in den gewässerten Römertopf geben. Den Topf mit dem Deckel verschließen und auf dem Rost in den kalten Backofen schieben.

Ober-/Unterhitze: etwa 200 °C
Heißluft: etwa 180 °C
Gas: etwa Stufe 4
Garzeit: etwa 70 Minuten.

3. Von den Tomaten die Stängelansätze herausschneiden und die Tomaten in Stücke schneiden.

4. Nach 50 Minuten Garzeit die Tomatenstücke zu den Hähnchenteilen geben und das Gericht fertig garen, einmal umrühren und mit Salz und Pfeffer abschmecken.

DIE ZUTATEN:

1 PUTENOBERKEULE (1,3 kg)
SALZ
FRISCH GEMAHLENER BUNTER PFEFFER
GEREBELTER THYMIAN
750 g KARTOFFELN
1–2 KNOBLAUCHZEHEN
100 ml GEMÜSEBRÜHE
50 ml WEISSWEIN
2 STANGEN PORREE (LAUCH)
500 g KLEINE TOMATEN
1/2 BUND PETERSILIE

Putenoberkeule mit Schmorgemüse *(Foto)*

1. Den Römertopf 15 Minuten in kaltes Wasser legen. Die Putenkeule waschen, trockentupfen und mit Salz, Pfeffer und Thymian einreiben. Das Fleisch in den Römertopf legen und zugedeckt auf dem Rost in den kalten Backofen schieben.

Ober-/Unterhitze: etwa 220 °C
Heißluft: etwa 200 °C
Gas: etwa Stufe 5
Garzeit: etwa 1 3/4 Stunden.

2. In der Zwischenzeit die Kartoffeln schälen, waschen und in Spalten schneiden. Den Knoblauch abziehen und fein hacken. Die Kartoffeln und Knoblauch 45 Minuten vor Ende der Garzeit zum Fleisch geben. Mit Salz und Pfeffer würzen. Brühe und Wein zugießen.

3. Den Porree und die Tomaten putzen und waschen. Die Tomaten halbieren, Stängelansätze entfernen, Porree in Stücke schneiden. Porree die letzten 25 Minuten und Tomaten die letzten 15 Minuten mitgaren. Die Petersilie waschen und, bis auf etwas zum Garnieren, fein hacken. Den Puten-Gemüse-Topf vor dem Servieren mit Petersilie bestreuen und garnieren.

DIE ZUTATEN:

1 KÜCHENFERTIGES HÄHNCHEN (ETWA 1 kg)
3 KNOBLAUCHZEHEN
15 SALBEIBLÄTTCHEN
SALZ
FRISCH GEMAHLENER PFEFFER
100 g FRÜHSTÜCKSSPECK (BACON, IN SCHEIBEN)

SALBEIHÄHNCHEN *(2–3 PORTIONEN)*

1. Das Hähnchen unter fließendem kalten Wasser abspülen und trockentupfen. Den Knoblauch abziehen und würfeln. Die Salbeiblättchen abspülen, trockentupfen und fein hacken.

2. Das Hähnchen innen und außen mit Salz einreiben. Pfeffer mit Knoblauch und Salbei vermengen und in das Hähnchen geben.

3. Das Hähnchen in einen gewässerten Römertopf geben, mit Speckscheiben belegen, den Topf schließen und auf dem Rost in den kalten Backofen schieben.

Ober-/Unterhitze: etwa 200 °C
Heißluft: etwa 180 °C
Gas: etwa Stufe 4
Garzeit: etwa 60 Minuten.

4. Das gare Hähnchen in Viertel schneiden, den Bratensatz dazugeben.

HUHN À LA TANTE MARTINE

. Das Huhn unter fließendem kalten Wasser abspülen, trockentupfen und mit Salz nd Pfeffer würzen und in den gewässerten Römertopf geben.

. Die Zwiebeln abziehen, würfeln und mit den Speckwürfeln in dem erhitzten Öl nbraten. Mit Cognac oder Weinbrand übergießen und flambieren. Den Bratenfond nit Rotwein und Geflügelbrühe aufgießen, aber nicht weiter erhitzen. Das Huhn mit er Sauce übergießen.

:. Den Knoblauch abziehen und längs halbieren. Den Thymian abspülen, zusam- nen mit Knoblauch, Oliven, Walnusskernen, Lorbeerblatt und Nelke in den Römer- opf geben. Den Römertopf mit dem Deckel verschließen und auf dem Rost in den alten Backofen schieben.

ber-/Unterhitze: etwa 200 °C
eißluft: etwa 180 °C
as: etwa Stufe 4
arzeit: etwa 70 Minuten.

eilage: Kartoffelkroketten oder Reis.

DIE ZUTATEN:

1 KÜCHENFERTIGES HUHN (ETWA 1,2 kg)
SALZ
FRISCH GEMAHLENER PFEFFER
2 ZWIEBELN
50 g DURCHWACHSENER SPECK, IN WÜRFEL GESCHNITTEN
1 EL SPEISEÖL
4 cl COGNAC ODER WEINBRAND
100 ml ROTWEIN
100 ml GEFLÜGELBRÜHE
4 KNOBLAUCHZEHEN
½ BUND THYMIAN
50 g SCHWARZE OLIVEN
50 g WALNUSSKERNE
1 LORBEERBLATT
1 NELKE

DIE ZUTATEN:

140 g ANANASRINGE (AUS DER DOSE)
4 HÄHNCHENKEULEN (JE ETWA 200 g)
3 EL SOJASAUCE
1–2 EL SÜSS-SCHARFE CHILISAUCE
½ TL FRISCH GEMAHLENER PFEFFER
1 TL CURRYPULVER
1 ROTE PAPRIKASCHOTE
1 GRÜNE PAPRIKASCHOTE
1 BUND FRÜHLINGSZWIEBELN
50 g CASHEWKERNE
SALZ
220 g MAISKÖLBCHEN (AUS DEM GLAS)

MARINIERTE HÄHNCHENKEULEN

1. Die Ananasringe zum Abtropfen auf ein Sieb geben, den Saft dabei auffangen, Ananas in Stücke schneiden.

2. Die Hähnchenkeulen unter fließendem kalten Wasser abspülen und trockentupfen. Sojasauce mit Chilisauce, 6 Esslöffeln Ananassaft, Pfeffer und Curry verrühren. Die Hähnchenkeulen damit bestreichen, mehrere Stunden darin marinieren, zwischendurch wenden und mit der Marinade bestreichen.

3. Die Paprika halbieren, entstielen, entkernen, die weißen Scheidewände entfernen, die Schoten waschen und in Streifen schneiden.

4. Die Frühlingszwiebeln putzen, waschen und in 3 cm lange Stücke schneiden. Paprikastreifen, Frühlingszwiebeln und Ananasstücke vermischen, in den gewässerten Römertopf geben.

5. Den restlichen Ananassaft und Cashewkerne dazugeben und mit Salz bestreuen. Die Hähnchenkeulen mit der Marinade darauf geben. Den Topf mit dem Deckel verschließen und auf dem Rost in den kalten Backofen schieben.

Ober-/Unterhitze: 200–220 °C
Heißluft: 180–200 °C
Gas: Stufe 4–5
Backzeit: 60–70 Minuten.

6. Die garen Hähnchenkeulen herausnehmen. Die Maiskölbchen abtropfen lassen, unter das Gemüse rühren und nochmals kurz in den ausgeschalteten, noch warmen Backofen stellen. Das Gemüse abschmecken und zu den Hähnchenkeulen servieren.

Tipp:
Zu den marinierten Hähnchenkeulen Bauernbrot oder Stangenweißbrot servieren.

DIE ZUTATEN:

3–4 KNOBLAUCHZEHEN
150 g ZWIEBELN
250 g STAUDENSELLERIE
4 HÄHNCHENKEULEN (JE 250 g)
ABGERIEBENE SCHALE VON ½ ZITRONE (UNBEHANDELT)
FRISCH GEMAHLENER PFEFFER
1 TL GEMAHLENER KORIANDER
½ TL PAPRIKAPULVER EDELSÜSS
SALZ
400 ml HÜHNERBRÜHE
1,5 kg TOMATEN
2 DOSEN RIESENBOHNEN (JE 250 g ABTROPFGEWICHT, ERSATZWEISE WEISSE BOHNEN)
30 g TOMATENMARK

HÄHNCHENKEULEN AUF TOMATENGEMÜSE

1. Knoblauch abziehen und in Scheiben schneiden. Zwiebeln abziehen, halbieren und in Spalten schneiden. Staudensellerie putzen, waschen, die harten Außenfäden abziehen und etwas Grün zum Garnieren zurücklassen. Die Selleriestangen in dünne Scheiben schneiden.

2. Die Hähnchenkeulen unter fließendem kalten Wasser abspülen und trockentupfen. Zitronenschale mit Pfeffer, Koriander, Paprika und etwas Salz mischen und die Hähnchenkeulen damit bestreuen.

3. Sellerie, Brühe, Zwiebeln und Knoblauch in den gewässerten Römertopf geben. Hähnchenkeulen auf das Gemüse legen. Den Topf mit dem Deckel verschließen und auf dem Rost in den kalten Backofen schieben.

Ober-/Unterhitze: etwa 200 °C, **Heißluft:** etwa 180 °C
Gas: etwa Stufe 4, **Garzeit:** etwa 70 Minuten.

4. In der Zwischenzeit Tomaten waschen, abtrocknen, die Stängelansätze herausschneiden und Tomaten waagerecht halbieren. Die Bohnen in einem Sieb abspülen und abtropfen lassen.

5. Nach etwa 45 Minuten Garzeit die Hähnchenkeulen aus dem Römertopf nehmen. Tomaten, Bohnen und Tomatenmark unter das Selleriegemüse mischen und mit Salz und Pfeffer würzen. Die Hähnchenkeulen wieder auf das Gemüse legen und alles ohne Deckel etwa 25 Minuten weitergaren.

6. Das Tomatengemüse mit Salz, Pfeffer und Paprika abschmecken. Das zurückgelassene Selleriegrün hacken und darüber streuen.

Hähnchen mit Gemüsereis

. Das Hähnchen unter fließendem kalten Wasser abspülen, trockentupfen, mit Salz, 'feffer und Paprika würzen.

:. Die Zwiebel abziehen, würfeln, die Möhren schälen, in Scheiben schneiden.)ie Tomaten kurze Zeit in kochendes Wasser legen (nicht kochen lassen), in kaltem Vasser abschrecken, enthäuten, die Stängelansätze herausschneiden, vierteln.

:. Die drei Zutaten mit Lorbeerblatt und Reis in den gewässerten Tontopf geben.)ie Brühe zugeben und umrühren. Das Hähnchen darauf legen, den Römertopf mit em Deckel verschließen und in den kalten Backofen schieben.

ber-/Unterhitze: 200–220 °C
leißluft: 180–200 °C
ias: Stufe 4–5
iarzeit: etwa 75 Minuten.

. 20 Minuten vor Garzeitende den Deckel abnehmen, das Hähnchen herausnehmen, en Reis umrühren, evtl. etwas Brühe oder Wasser hinzufügen und würzen. Das lähnchen auf den Gemüsereis legen, mit der Butter bestreichen und ohne Deckel zu nde garen, damit das Hähnchen bräunt.

DIE ZUTATEN:

1 HÄHNCHEN (ETWA 1,5 kg)
SALZ
FRISCH GEMAHLENER PFEFFER
PAPRIKA EDELSÜSS
1 ZWIEBEL
2 MÖHREN (ETWA 225 g)
2 TOMATEN
½ ZERKLEINERTES LORBEERBLATT
250 g REIS
500 ml (½ l) HEISSE GEMÜSEBRÜHE
1 EL WEICHE BUTTER

DIE ZUTATEN:

1 KÜCHENFERTIGES KANINCHEN (ETWA 1 ½ kg)
250 g SCHALOTTEN
JE 1 KLEINE GELBE, ROTE UND GRÜNE PAPRIKA-SCHOTE
10 SALBEIBLÄTTER
1 KLEINER ZWEIG ROSMARIN
2 KNOBLAUCHZEHEN
SALZ
FRISCH GEMAHLENER PFEFFER
125 ml (⅛ l) SCHLAG-SAHNE

Tipp:
Dazu passt Polenta oder Knoblauchbaguette.

KANINCHEN MIT PAPRIKA

(FOTO)

1. Das Kaninchen unter fließendem kalten Wasser abspülen, trockentupfen und in 8 Teile schneiden.

2. Die Schalotten abziehen, große Schalotten evtl. halbieren. Die Paprika halbieren, entstielen, entkernen, die weißen Scheidewände entfernen, die Schoten waschen und in Streifen schneiden.

3. Die Salbeiblätter und Rosmarin abspülen und trockentupfen. Den Knoblauch abziehen, in kleine Würfel schneiden. Die Kaninchenteile mit Salz, Pfeffer einreiben.

4. Die Paprikastreifen, Schalotten, Knoblauch, Salbei und Rosmarin in einen großen, gewässerten Römertopf geben. Die Kaninchenteile – mit Ausnahme des Rückens – darauf legen. Den Römertopf mit dem Deckel verschließen und auf dem Rost in den kalten Backofen schieben.

Ober-/Unterhitze: etwa 200 °C, **Heißluft:** etwa 180 °C
Gas: etwa Stufe 4, **Garzeit:** 70–80 Minuten.

5. Nach etwa 30 Minuten den Rücken dazugeben und fertig garen. Die garen Kaninchenteile herausnehmen und warm stellen. Die Sahne in den Bratensatz geben, umrühren, evtl. nochmals abschmecken und zu dem Kaninchen servieren.

DIE ZUTATEN:

4 ANANASSCHEIBEN (AUS DER DOSE)
750 g AUSGELÖSTER HIRSCHRÜCKEN
SALZ
FRISCH GEMAHLENER PFEFFER
GEREBELTER THYMIAN
100 g FETTER SPECK, IN SEHR DÜNNE SCHEIBEN GESCHNITTEN

PIKANTES HIRSCHRÜCKEN-FLEISCH

1. Die Ananasscheiben auf einem Sieb abtropfen lassen, den Saft dabei auffangen. Ananasscheiben halbieren und den gewässerten Römertopf damit auslegen. Das Hirschrückenfleisch unter fließendem kalten Wasser abspülen und trockentupfen.

2. Das Fleisch mit Salz, Pfeffer und Thymian würzen, mit dem Speck belegen. Den Hirschrücken auf die Ananasscheiben legen und etwas Ananassaft dazugeben. Den Römertopf mit dem Deckel verschließen und auf dem Rost in den kalten Backofen schieben.

Ober-/Unterhitze: 200–220 °C, **Heißluft:** 180–200 °C
Gas: Stufe 4–5, **Garzeit:** etwa 50 Minuten.

3. Das gare Fleisch 10 Minuten ruhen lassen, es dann in Scheiben schneiden, mit den Ananasscheiben auf einer vorgewärmten Platte anrichten und warm stellen.

4. Den Bratensatz mit Salz und Pfeffer abschmecken und zu dem Hirschfleisch servieren.

DIE ZUTATEN:

4 HASENKEULEN
(JE ETWA 400 g)
100 g SCHALOTTEN
8 WACHOLDERBEEREN
SALZ
FRISCH GEMAHLENER
PFEFFER
3 EL OLIVENÖL
2 LORBEERBLÄTTER
200 ml WILDFOND
(AUS DEM GLAS)
100 g STAUDENSELLERIE
200 g PFIFFERLINGE
70 g ROTE LINSEN
250 g KLEINE TOMATEN
HONIG

Tipp:
Zu dem Hasenragout passt ein gemischter Blattsalat und Baguette.

HASENRAGOUT MIT ROTEN LINSEN

1. Die Hasenkeulen unter fließendem kalten Wasser abspülen, trockentupfen, das Fleisch von den Knochen schneiden und würfeln (ergibt etwa 1 kg). Die Schalotten abziehen, halbieren und in Spalten schneiden. Wacholderbeeren hacken.

2. Das Fleisch mit Salz, Pfeffer und Wacholderbeeren würzen und in dem Öl wälzen. Die Schalotten, Fleisch, Lorbeerblätter und Wildfond in den gewässerten Römertopf geben und mit dem Deckel verschließen. Den Topf auf dem Rost in den kalten Backofen schieben.

Ober-/Unterhitze: etwa 200 °C
Heißluft: etwa 180 °C
Gas: etwa Stufe 4
Garzeit: etwa 60 Minuten.

3. In der Zwischenzeit den Staudensellerie putzen, waschen, die harten Außenfäden abziehen, das Grün beiseite legen und die Stangen in Scheiben schneiden. Die Pfifferlinge putzen, mit Küchenpapier abreiben, evtl. abspülen, und evtl. klein schneiden.

4. Nach 20 Minuten die Pilze, Selleriestücke und Linsen unter das Fleisch rühren. Den Deckel auflegen und das Ragout weitere 35 Minuten garen.

5. Die Tomaten waschen, halbieren, die Stängelansätze herausschneiden, die Tomaten in Spalten schneiden und unter das Ragout rühren. Den Topf noch 5–10 Minuten ohne Deckel im ausgeschalteten Backofen stehen lassen.

6. Das Ragout mit Salz, Pfeffer und Honig würzen und mit Selleriegrün garnieren.

Hasenrücken mit Sauerkirschen *(2 Portionen)*

Die Zutaten:

- 360 g Sauerkirschen (aus dem Glas)
- 1 Hasenrücken (etwa 600 g)
- Salz
- frisch gemahlener Pfeffer
- 40 g Butter
- 125 ml (1/8 l) Rotwein
- 1 EL Weizenmehl
- 2 EL Sauerkirschsaft
- gerebelter Thymian

1. Die Sauerkirschen abtropfen lassen, den Kirschsaft auffangen. Die Sauerkirschen in den gewässerten Römertopf geben (einige zum Garnieren zurücklassen).

2. Den Hasenrücken unter fließendem kalten Wasser abspülen, trockentupfen, enthäuten, mit Salz und Pfeffer bestreuen und kurz in zerlassener Butter rundherum anbraten.

3. Den Hasenrücken auf die Sauerkirschen legen, den Bratenfond mit etwas Kirschsaft ablöschen, zu den Kirschen geben. Den Römertopf mit dem Deckel verschließen und in den kalten Backofen stellen.

Ober-/Unterhitze: 200–220 °C
Heißluft: 180–200 °C
Gas: Stufe 4–5
Garzeit: etwa 40 Minuten.

4. Den garen Hasenrücken herausnehmen, von den Knochen lösen, die Hasenfilets warm stellen. Mit den zurückgelassenen Sauerkirschen garnieren. Die Sauerkirschen mit Rotwein auffüllen und zum Kochen bringen.

5. Mehl mit Kirschsaft anrühren, die Sauerkirschen damit binden, mit Salz, Pfeffer und Thymian würzen und mit dem Hasenfilet servieren.

Beilage: Knödel.

Süss-Speisen und Brote

Süss-Speisen und Brote

Palatschinkenauflauf,
Rezept Seite 74

PALATSCHINKENAUFLAUF

(FOTO SEITE 72/73)

DIE ZUTATEN:

200 g WEIZENMEHL
3 EIGELB
1 PRISE SALZ
375 ml ($^{3}/_{8}$ l) MILCH
3 EIWEISS

100 g WEICHE BUTTER

50 g WEICHE BUTTER
ODER MARGARINE
75 g ZUCKER
1 PCK. VANILLIN-ZUCKER
2 EIGELB
ABGERIEBENE SCHALE
VON 1 ZITRONE
(UNBEHANDELT)
1 EL ZITRONENSAFT
250 g MAGERQUARK
50 g ROSINEN

2 EIWEISS
125 ml ($^{1}/_{8}$ l) SAHNE
1 PCK. VANILLIN-ZUCKER
2 EIGELB

1. Für den Teig das Mehl mit Eigelb, Salz und Milch verrühren. Das Eiweiß steif schlagen und unterheben. Für jeden Palatschinken etwas von der Butter in einer Pfanne zerlassen, nacheinander 8 Palatschinken backen und erkalten lassen.

2. Für die Füllung die Butter (50 g) schaumig rühren. Nach und nach Zucker, Vanillin-Zucker und Eigelb unterrühren. Zitronenschale, Zitronensaft, Quark und Rosinen dazugeben und alles gut verrühren.

3. Die Palatschinken gleichmäßig mit der Füllung bestreichen, aufrollen und in den gewässerten Römertopf legen.

4. Für den Belag Eiweiß und Sahne getrennt steif schlagen. Vanillin-Zucker und Eigelb verrühren und das steif geschlagene Eiweiß unterheben. Die Sahne unterheben und die Masse über die Palatschinken verteilen. Den Römertopf mit dem Deckel verschließen und auf dem Rost in den kalten Backofen stellen.

Ober-/Unterhitze: 200–220 °C
Heißluft: 180–200 °C
Gas: Stufe 4–5
Garzeit: etwa 40 Minuten.

BRATAPFEL *(1–2 PORTIONEN – FOTO)*

DIE ZUTATEN:

1 GROßER APFEL, Z.B.
BOSKOP ODER JONAGOLD
(ETWA 350 g)
1 EL WEICHE BUTTER
1–2 TL HONIG
GEMAHLENER ZIMT
1 EL ABGEZOGENE,
GEHACKTE ODER
GEMAHLENE MANDELN
ODER HASELNUSSKERNE
1 EL ROSINEN
2 EL RUM
1 TL ZIMT-ZUCKER

1. Den Apfel waschen, abtrocknen, das Kerngehäuse großzügig ausstechen. Butter, Honig und Zimt verrühren, die Mandeln oder Haselnusskerne und Rosinen unterrühren.

2. Die Masse in den Apfel füllen, den Apfel in die gefettete Bratapfelform setzen, mit Rum übergießen und mit Zimt-Zucker bestreuen. Den Deckel unter kaltem Wasser abbrausen, auflegen. Die Form in den kalten Backofen schieben.

Ober-/Unterhitze: etwa 200 °C
Heißluft: etwa 180 °C
Gas: etwa Stufe 4
Backzeit: etwa 45 Minuten.

DIE ZUTATEN:

6 ALTBACKENE SEMMELN (BRÖTCHEN)
500 ml (1/2 l) HEISSE MILCH
4 EIGELB
40 g ZUCKER
1 PCK. VANILLIN-ZUCKER
5 TROPFEN ZITRONEN-AROMA
100 g ROSINEN
4 EIWEISS
50 g ZUCKER
1 EL SEMMELBRÖSEL
20 g BUTTER

SEMMELAUFLAUF

1. Die Semmeln in dünne Scheiben schneiden, mit der Milch übergießen, quellen lassen, verrühren. Das Eigelb mit Zucker, Vanillin-Zucker und Zitronen-Aroma mit dem Handrührgerät mit Rührbesen etwa 3 Minuten schaumig schlagen.

2. Die Semmelmasse noch einmal durchrühren, die Eigelbmasse unterheben. Die Rosinen waschen, abtropfen lassen und unterrühren.

3. Das Eiweiß steif schlagen. Zucker nach und nach unterschlagen. Den Eischnee vorsichtig unterheben.

4. Die Masse in den gewässerten Römertopf geben, mit Semmelbröseln bestreuen und Butter in Flöckchen darauf setzen. Den Topf mit dem Deckel verschließen, auf dem Rost in den kalten Backofen schieben.

Ober-/Unterhitze: 200–220 °C
Heißluft: 180–200 °C
Gas: Stufe 4–5
Backzeit: etwa 45 Minuten.

Beigabe: Kompott oder Saft.

Apfel-Quark-Auflauf

(6 Portionen)

1. Weißwein, Zucker, Zitronensaft, Stangenzimt und Nelken zum Kochen bringen. Die Äpfel schälen, halbieren, Kerngehäuse entfernen, Stiel- und Blütenansatz herausschneiden und die Wölbung mehrfach längs einschneiden. Die Äpfel in den Weisswein geben und etwa 5 Minuten garen, herausnehmen, den Sud auffangen und 250 ml (¼ l) abmessen und beiseite stellen.

2. Den Quark mit Zucker, Salz, Vanillin-Zucker, Zitronensaft und Eigelb verrühren. Die Speisestärke, Pudding-Pulver, Rosinen und Mandeln nacheinander unterrühren. Das Eiweiß steif schlagen und unterheben.

3. Die Quarkmasse in den gewässerten oder gefetteten Römertopf einfüllen und glatt streichen. Die Apfelhälften hineindrücken und den Topf mit Deckel in den kalten Backofen stellen.

Ober-/Unterhitze: etwa 200 °C
Heißluft: etwa 180 °C
Gas: etwa Stufe 4
Garzeit: etwa 65 Minuten.

4. Den Deckel etwa 20 Minuten vor Ende der Garzeit entfernen, offen weitergaren.

5. Für die Weinsauce den Kochsud der Äpfel mit der Speisestärke (1 TL) und den Eiern verrühren und unter ständigem Schlagen erhitzen, bis eine Kochblase aufsteigt. Die Weinsauce zu dem Apfel-Quark-Auflauf reichen.

DIE ZUTATEN:

300 ml WEISSWEIN
2 EL ZUCKER
2 EL ZITRONENSAFT
1 STCK. STANGENZIMT
1–2 NELKEN
3 MITTELGROSSE ÄPFEL
750 g SPEISEQUARK
125 g ZUCKER
1 PRISE SALZ
1 PCK. VANILLIN-ZUCKER
2 EL ZITRONENSAFT
3 EIGELB
1 EL SPEISESTÄRKE
1 PCK. PUDDING-PULVER VANILLE-GESCHMACK
75 g ROSINEN
35 g ABGEZOGENE, GEMAHLENE MANDELN
3 EIWEISS

1 GEH. TL SPEISESTÄRKE
2 EIER

DIE ZUTATEN:

1 ANANAS (900 g = 500 g FRUCHTFLEISCH)
1 LIMONE (UNBEHANDELT)
200 g GEMISCHTES BACKOBST
50 g BRAUNER ZUCKER
½ WÜRFEL (20 g) FRISCHE HEFE
6 EL LAUWARMES WASSER
300 g WEIZENMEHL
125 ml (⅛ l) LAUWARME MILCH
40 g ZUCKER
75 g ZERLASSENE, ABGEKÜHLTE BUTTER
125 ml (⅛ l) WASSER
2 EL GESIEBTER PUDERZUCKER
MINZEBLÄTTCHEN

HEFEBUCHTELN MIT BACKOBST

1. Die Ananas schälen, längs achteln, dabei die holzige Mitte herausschneiden und das Fruchtfleisch erst in Scheiben schneiden, dann in Stücke. Die Limone heiß abspülen, abtrocknen, die Schale dünn abreiben und den Saft auspressen.

2. Backobst und Ananas mit Zucker, Limonenschale und 3 Esslöffeln Limonensaft mischen und etwa 30 Minuten marinieren.

3. In der Zwischenzeit Hefe mit Wasser und 1 Esslöffel Mehl verrühren und zugedeckt etwa 10 Minuten bei Zimmertemperatur gehen lassen.

4. Das restliche Mehl in eine Rührschüssel sieben. Die angerührte Hefe, Milch, Zucker und Butter dazugeben und mit Handrührgerät mit Knethaken zunächst auf niedrigster, dann auf höchster Stufe in etwa 5 Minuten zu einem Teig verarbeiten. Den Teig zugedeckt an einem warmen Ort so lange gehen lassen, bis er sich sichtbar vergrößert hat.

5. In der Zwischenzeit Ananasstücke und Backobst mit der Marinade und Wasser in den gewässerten Römertopf füllen, mit dem Deckel verschließen und in den kalten Backofen schieben.

Ober-/Unterhitze: etwa 200 °C
Heißluft: etwa 180 °C
Gas: etwa Stufe 4
Garzeit: etwa 60 Minuten.

6. Nach etwa 40 Minuten Garzeit den Teig aus der Schüssel nehmen und auf der Arbeitsfläche nochmals kurz durchkneten. Aus dem Teig walnussgroße Kugeln formen, nebeneinander auf das Obst setzen und im geschlossenen Topf weitere 20 Minuten garen.

7. Die Hefebuchteln mit Puderzucker bestäuben und unter dem Grill (oder bei etwa 250 °C) karamellisieren lassen.

8. Das Kompott mit dem Hefebuchteln anrichten und nach Belieben mit Minzeblättchen garnieren.

Tipp:
Dazu geschlagene, gesüßte Schlagsahne reichen.

DIE ZUTATEN:

- 600 g TK-GEMISCHTE BEEREN
- 5 ALTBACKENE BRÖTCHEN (SEMMELN)
- 250 ml (1/4 l) HEISSE MILCH
- 75 g WEICHE BUTTER
- 100 g ZUCKER
- 1 PCK. VANILLIN-ZUCKER
- 4 EIGELB
- 40 g GEMAHLENE HASEL-NUSSKERNE
- ABGERIEBENE SCHALE VON 1/2 ZITRONE (UNBEHANDELT)
- 4 EIWEISS
- 1 EL SEMMELBRÖSEL
- 40 g BUTTER
- PUDERZUCKER

OFENSCHLUPFER *(6 PORTIONEN)*

1. Die Beeren auftauen und gut abtropfen lassen. Die Brötchen in feine Scheiben schneiden, mit der Milch übergießen und einweichen lassen.

2. Die Butter mit Handrührgerät mit Rührbesen verrühren. Zucker und Vanillin-Zucker hinzufügen. Das Eigelb nach und nach unterrühren (jedes Eigelb etwa ½ Minute). Haselnusskerne und Zitronenschale unterrühren.

3. Die eingeweichten Brötchen gut mit der Masse vermengen. Das Eiweiß steif schlagen und unterheben. Die Brötchenmasse und Beeren abwechselnd in den gewässerten Römertopf schichten, die letzte Schicht sollte aus Brötchenmasse bestehen.

4. Die Semmelbrösel darüber streuen und die Butter in Flöckchen darauf verteilen. Den Römertopf mit dem Deckel verschließen und auf dem Rost in den kalten Backofen schieben.

Ober-/Unterhitze: 200–220 °C
Heißluft: 180–200 °C
Gas: Stufe 4–5
Backzeit: etwa 60 Minuten.

5. Den garen Ofenschlupfer auf Teller verteilen und jede Portion mit Puderzucker bestäubt servieren.

MAISGRIESSAUFLAUF

1. Die Milch mit Butter oder Margarine und Vanillin-Zucker in einem Topf aufkochen. Maisgrieß unter Rühren einrieseln lassen, unter Rühren 3 Minuten kochen und abkühlen lassen.

2. Die Orange heiß abspülen, trockentupfen, die Schale in dünnen Streifen ablösen und hacken. Pflaumen, Rum und Orangenschale mischen und zugedeckt 40 Minuten durchziehen lassen.

3. Die Eier trennen. Das Eiweiß mit 30 g des Zuckers steif schlagen. Eigelb und restlichen Zucker zu einer weißen Creme aufschlagen. Den abgekühlten Grieß nach und nach unter die Eiercreme rühren, den Eischnee unterheben.

4. Die Hälfte der Grießmasse in den gewässerten Römertopf füllen. Die marinierten Pflaumen mit der Flüssigkeit darauf geben und mit der übrigen Grießmasse bedecken. Den Topf mit dem Deckel verschließen und auf dem Rost in den kalten Backofen schieben.

Ober-/Unterhitze: etwa 200 °C
Heißluft: etwa 180 °C
Gas: etwa Stufe 4
Garzeit: etwa 75 Minuten.

5. Den fertigen Auflauf mit Puderzucker bestäubt servieren.

Beigabe: Schlagsahne.

DIE ZUTATEN:

1 l MILCH
40 g BUTTER ODER MARGARINE
1 PCK. VANILLIN-ZUCKER
170 g MAISGRIESS
1 ORANGE (UNBEHANDELT)
200 g GETROCKNETE, ENTSTEINTE PFLAUMEN
6 EL BRAUNER RUM
3 EIER (GRÖSSE M)
80 g ZUCKER
GESIEBTER PUDERZUCKER

Tipp:

Soll der Grießauflauf für Kinder zubereitet werden, den Rum durch Fruchtsaft ersetzen.

Birnenauflauf mit Vanillesauce *(Foto)*

Die Zutaten:

750 g Birnen
2 EL Zitronensaft
75 g Zucker
100 g weiche Butter oder Margarine
100 g Zucker
2 Pck. Vanillin-Zucker
2 Eier
125 g Weizenmehl
1 gestr. TL Backpulver

Für die Sauce:
375 ml (3/8 l) Milch
1 Pck. Saucen-Pulver Vanille-Geschmack
3 EL kalte Milch
20 g Zucker

1. Die Birnen schälen, vierteln, entkernen und in kleine Stücke schneiden. Mit Zitronensaft und Zucker vermengen und etwa 15 Minuten durchziehen lassen.

2. Die Butter oder Margarine mit Handrührgerät mit Rührbesen auf höchster Stufe geschmeidig rühren. Nach und nach Zucker und Vanillin-Zucker unterrühren, so lange rühren, bis eine gebundene Masse entstanden ist.

3. Die Eier nach und nach unterrühren (jedes Ei ½ Minute). Das Mehl mit Backpulver mischen, sieben und portionsweise auf mittlerer Stufe unterrühren.

4. Die Birnen in den gewässerten Römertopf geben. Den Teig gleichmäßig darauf verteilen und glatt streichen. Den Römertopf mit dem Deckel verschließen und auf dem Rost in den kalten Backofen schieben.

Ober-/Unterhitze: 200–220 °C
Heißluft: 180–200 °C
Gas: Stufe 4–5
Garzeit: etwa 60 Minuten.

5. Für die Sauce Milch zum Kochen bringen. Das Saucen-Pulver mit kalter Milch und Zucker anrühren und nach Packungsanleitung eine Vanillesauce zubereiten. Die Sauce heiß zu dem Birnenauflauf reichen.

Pfirsichauflauf

Die Zutaten:

1 Dose Pfirsiche (500 g Abtropfgewicht)
200 g Amaretti (italienische Mandelmakrönchen)
2 Eier
1 EL Zitronensaft
1 Pck. Vanillin-Zucker
1–2 EL Hartweizengriess

1. Die Pfirsiche auf einem Sieb abtropfen lassen. Die Amaretti im Mixer fein zerkleinern. Eier, Zitronensaft und Vanillin-Zucker zu einer hellen Creme aufschlagen. Den Hartweizengrieß und ¾ der Amarettibrösel mischen und unter die Eimasse heben.

2. Die restlichen Amarettibrösel in den gewässerten Römertopf streuen. Die Eimasse darauf geben und mit den Pfirsichhälften belegen. Den Topf mit dem Deckel verschließen und auf dem Rost in den kalten Backofen schieben.

Ober-/Unterhitze: etwa 200 °C
Heißluft: etwa 180 °C
Gas: etwa Stufe 4
Garzeit: etwa 45 Minuten.

3. Den garen Auflauf etwa 5 Minuten im Römertopf abkühlen lassen, dann mit einem Messer vorsichtig vom Topfrand lösen. Den Pfirsichauflauf nach Belieben kalt oder warm servieren.

Tipp:
Dazu passt Schokoladensauce.

DIE ZUTATEN:

500 g RHABARBER
180 g ZUCKER
300 g ERDBEEREN
4 EIGELB
1 PCK. VANILLIN-ZUCKER
50 g SPEISESTÄRKE
20 g KAKAOPULVER
100 g ABGEZOGENE, GEMAHLENE MANDELN
4 EIWEISS
30 g ABGEZOGENE, GEHOBELTE MANDELN

SCHOKOLADEN-FRÜCHTE-AUFLAUF *(FOTO)*

1. Den Rhabarber putzen, waschen (nicht abziehen) und in Stücke schneiden. Mit 40 g des Zuckers in einem Topf einmal gut aufkochen lassen und zum Abtropfen auf ein Sieb geben, den Saft dabei auffangen.

2. Die Erdbeeren putzen, waschen, halbieren oder vierteln und mit 1–2 Teelöffeln des Zuckers bestreuen. Eigelb mit 5 Esslöffeln Rhabarbersaft, 100 g des Zuckers und Vanillin-Zucker etwa 3 Minuten schaumig schlagen.

3. Die Speisestärke mit dem Kakao mischen und unter die Eigelbmasse rühren. Die Mandeln unterrühren. 2 Eiweiß steif schlagen, unterheben und die Masse in den gewässerten Römertopf geben. Rhabarber und Erdbeeren darauf verteilen. Den Topf mit dem Deckel verschließen und auf dem Rost in den kalten Backofen schieben.

Ober-/Unterhitze: etwa 200 °C
Heißluft: etwa 180 °C
Gas: etwa Stufe 4
Garzeit: 40–45 Minuten.

4. Nach Beendigung der Garzeit den Römertopf aus dem Backofen herausnehmen. Das restliche Eiweiß mit dem restlichen Zucker steif schlagen und auf dem Auflauf verteilen, dabei ein wenig Platz am Rand frei lassen. Mandeln darauf streuen.

5. Den Topf ohne Deckel etwa 2 Minuten unter den vorgeheizten Grill stellen und den Auflauf goldgelb überbacken.

DIE ZUTATEN:

200 g MILCHREIS
150 g ZUCKER
750 ml (3/4 l) MILCH
750 g RHABARBER
2 EIER

Tipp:
Dazu Vanillesauce reichen.

RHABARBER-REIS-AUFLAUF

(6 PORTIONEN)

1. Den Milchreis mit Zucker und Milch vermengen und in den gewässerten Römertopf geben. Den Topf mit dem Deckel verschließen und auf dem Rost in den kalten Backofen schieben.

Ober-/Unterhitze: 200–220 °C
Heißluft: 180–200 °C
Gas: Stufe 4–5
Garzeit: etwa 80 Minuten.

2. In der Zwischenzeit den Rhabarber putzen, waschen (nicht abziehen) und in kleine Stücke schneiden. Die Eier trennen, Eigelb verquirlen und Eiweiß steif schlagen.

3. Nach 50 Minuten Garzeit Eigelb mit den Rhabarberstücken unter den Reis rühren. Das steif geschlagene Eiweiß locker unterheben und den Auflauf fertig garen.

DIE ZUTATEN:

5 EL WEIZENMEHL
1 PRISE SALZ
4 EIER
100 g GEMAHLENE HASELNUSSKERNE
ETWA 500 ml (½ l) MILCH
ABGERIEBENE SCHALE VON ½ ZITRONE (UNBEHANDELT)
720 g SAUERKIRSCHEN (AUS DEM GLAS)
100 g BUTTER
2 EL ABGEZOGENE, GEMAHLENE MANDELN

KIRSCHAUFLAUF

1. Das Mehl in eine Schüssel sieben. Salz, Eier, Haselnusskerne und Milch hinzufügen. Alle Zutaten mit dem Handrührgerät mit Rührbesen zu einem glatten Teig verarbeiten. Zitronenschale unterrühren.

2. Die Sauerkirschen auf einem Sieb abtropfen lassen und unter den Teig heben. Den gewässerten Römertopf mit etwas von der Butter ausstreichen, den Teig in den Römertopf füllen und mit der restlichen Butter in Flöckchen belegen. Den Römertopf mit dem Deckel verschließen und auf dem Rost in kalten Backofen schieben.

Ober-/Unterhitze: etwa 220 °C
Heißluft: etwa 200 °C
Gas: etwa Stufe 5
Garzeit: etwa 60 Minuten.

3. Den fertigen Kirschauflauf mit den Mandeln bestreut servieren.

Roggenmischbrot mit Sesam

1. Das Mehl in eine Rührschüssel geben und mit der Hefe sorgfältig vermischen. Zucker, Salz, Wasser und Öl hinzufügen. Die Zutaten mit dem Handrührgerät mit Knethaken zunächst auf niedrigster, dann auf höchster Stufe in etwa 5 Minuten zu einem Teig verarbeiten.

2. Den Teig zugedeckt an einem warmen Ort so lange gehen lassen, bis er sich sichtbar vergrößert hat. Den Teig dann leicht mit Mehl bestäuben, aus der Schüssel nehmen und auf der Arbeitsfläche kurz durchkneten.

3. Den Römertopf fetten, mit gut der Hälfte des Sesams ausstreuen und den Teig hineingeben. Die Oberfläche des Teiges mit Wasser bestreichen und mit dem restlichen Sesam bestreuen. Den Teig nochmals zugedeckt an einem warmen Ort so lange gehen lassen, bis er sich sichtbar vergrößert hat.

4. Den Topf mit dem Deckel verschließen und auf dem Rost (unterste Schiene) in den kalten Backofen schieben.

Ober-/Unterhitze: 200–220 °C
Heißluft: 180–200 °C
Gas: Stufe 4–5
Garzeit: etwa 65 Minuten.

5. Das fertige Brot aus dem Römertopf nehmen und auf dem Kuchenrost erkalten lassen.

DIE ZUTATEN:

125 g ROGGENVOLLKORN-SCHROT
250 g WEIZENMEHL (TYPE 550)
1 PCK. TROCKENHEFE
1 TL ZUCKER
1 TL SALZ
200 ml LAUWARMES WASSER
50 ml SPEISEÖL
40 g SESAMSAMEN

DIE ZUTATEN:

400 g DINKELVOLLKORN-MEHL
200 g ROGGENMEHL (TYPE 1150)
1 ½ TL SALZ
1 TL GEMAHLENER KORIANDER
1 PCK. TROCKENHEFE
½ PCK. (7,5 g) SAUER-TEIG-EXTRAKT
ETWA 450 ml LAUWARMES WASSER
70 g HAFERKÖRNER
170 ml KALTES WASSER
75 g HASELNUSSKERNE
SEMMELBRÖSEL

Mischbrot mit Hafer

1. Beide Mehlsorten, Salz und Koriander in eine Rührschüssel geben und mit Hefe und Sauerteig-Extrakt sorgfältig vermischen. Das lauwarme Wasser hinzufügen.

2. Die Zutaten mit Handrührgerät mit Knethaken zunächst auf niedrigster, dann auf höchster Stufe in etwa 5 Minuten zu einem Teig verarbeiten. Den Teig zugedeckt an einem warmen Ort so lange gehen lassen, bis er sich sichtbar vergrößert hat.

3. In der Zwischenzeit Hafer mit dem kalten Wasser in einem Topf aufkochen und bei geringer Hitze etwa 15 Minuten ausquellen lassen.

4. Den Teig aus der Schüssel nehmen und den Hafer und die Haselnusskerne unterkneten. Den Teig mit Mehl bestäuben auf der bemehlten Arbeitsfläche kurz durchkneten und zu einer etwa 22 cm langen Rolle formen.

5. Den gewässerten Römertopf fetten, mit Semmelbröseln ausstreuen, den Teig hineinlegen. Den Römertopf mit dem Deckel verschließen und den Teig nochmals an einem warmen Ort so lange gehen lassen, bis er sich sichtbar vergrößert hat.

6. Den Teig mit Wasser bestreichen und mit dem zurückgelassenen Hafer bestreuen. Den geschlossenen Römertopf dann auf dem Rost (unterste Schiene) in den kalten Backofen schieben.

Ober-/Unterhitze: 200–220 °C
Heißluft: 180–200 °C
Gas: Stufe 4–5
Backzeit: 50–60 Minuten.

Tipp:
Das Dinkelvollkornmehl gibt es im Reformhaus, Bioladen oder der Bio-Abteilung von Supermärkten.

RÖMERTOPF®

Ratgeber

Deckel auf, Zutaten hinein, Deckel zu – und ab mit dem RÖMERTOPF® in den Backofen. So einfach ist das. Fast. Ein paar Kleinigkeiten sollte man schon noch berücksichtigen, will man das irdene Geschirr richtig handhaben. Das besondere Material erfordert eben auch besondere „Umgangsformen". Nichts, was kompliziert wäre, denn das widerspräche ja der genialen, weil einfachen Idee des RÖMERTOPFES®. Trotzdem sollte man sich vor der Erstbenutzung die Tipps des Herstellers durchlesen.
Was es außerdem zu beachten gilt, bevor man sich dem „Genuss ohne Reue" hingibt, verrät Ihnen unser kleiner Ratgeber.

Garen im Römertopf

Das Garen im RÖMERTOPF® hat eine lange Tradition – und das zu recht. In ihm können Speisen mit einem Minimum an Flüssigkeit oder ganz ohne gegart werden.
Saft, Aroma, Geschmack, Nährstoffe und Vitamine der Speisen bleiben weitgehend erhalten. Sie werden nicht mit überschüssigem Kochwasser abgegossen.
Der RÖMERTOPF ®ermöglicht das Garen fast aller Gerichte ohne Fett und ist damit auch vorzüglich für die Zubereitung von Schonkost geeignet. Lediglich bei trockenen Fleischsorten, z. B. Schnitzelfleisch, empfiehlt sich ein geringer Fettzusatz. Auch durch das Belegen des Fleisches mit Speckscheiben lässt sich ein Austrocknen des Fleisches verhindern. Der Speck kann nach der Garzeit entfernt werden. Wenn in den Rezepten das Bestreichen der Fleischstücke oder des RÖMERTOPFES®mit Butter oder Öl angegeben wird, kann aus Diätgründen auch darauf verzichtet werden. Der Bratensatz lässt sich gut mit einem Pinsel vom Topfrand lösen. Der poröse Ton ermöglicht einen völlig naturgemäßen Garvorgang. Das Wasser in den Tonporen schafft zudem bei der langsamen Erwärmung eine milde Dunstschicht, die sich sowohl im Inneren als auch außerhalb des Topfes verbreitet. Dadurch kann z.B. Braten eine Kruste bekommen, ohne auszutrocknen.

Eintöpfe und Aufläufe lassen den Geschmack aller Ingredienzien vollkommen verschmelzen. Suppen köcheln langsam vor sich hin, ohne zu verkrusten.
Die Original RÖMERTÖPFE®sind an den Bratstegen auf dem Boden erkennbar. Diese verhindern den direkten Kontakt zwischen Bratgut und Flüssigkeit, so dass es gleichmäßig von allen Seiten bräunen kann. Die beiden Hälften des Topfes sitzen mit einem breiten Rand aufeinander und halten so gut zusammen. Der Deckel kann nicht mehr kippen. Ein Spalt von 2–4 mm zwischen Ober- und Unterteil des RÖMERTOPFES®muss jedoch bleiben, damit der Druck im Topf reguliert wird und überschüssiger Dampf entweichen kann.

Ratgeber

Vor dem ersten Gebrauch

Ein neuer RÖMERTOPF ® sollte trocken ausgebürstet werden, damit sich der evtl. noch anhaftende Tonstaub löst. Anschließend den Topf für mindestens 30 Minuten in kaltes Wasser legen.
An manchen neuen Töpfen haftet aufgrund unsachgemäßer Lagerung ein schwacher Geruch. Um zu verhindern, dass er auf Lebensmittel übergeht, reibt man die Form von innen mit einer halben Zwiebel aus, füllt sie halbvoll mit Wasser und stellt sie für mindestens 1 Stunde bei 100 °C in den Backofen.

Handhabung und Pflege

- Vor jeder Benutzung müssen der Topf und besonders auch der Deckel gewässert werden. Wenn Sie wenig Zeit haben, genügt es schon, Topf und Deckel oder auch nur den Deckel etwa 30 Sekunden unter fließendes kaltes Wasser zu halten. Die Poren nehmen in dieser Zeit ausreichend Wasser auf. Damit Sie immer daran denken, haben wir in jedem Rezept noch einmal darauf hingewiesen.
  Bei Suppen und Eintöpfen, die sowieso viel Wasser enthalten, genügt diese Zeit. Besser ist es, den Topf für etwa 15 Minuten komplett in ein Becken mit Wasser zu geben. Bei Fleisch und insbesondere bei den trockenen Fleischsorten wie Rind oder Hase empfiehlt es sich, die Form länger zu wässern; zu lang kann es nie sein, zu kurz dagegen leicht.

- Der Original RÖMERTOPF® darf nur im Backofen verwendet werden. Nicht auf die heiße Herdplatte oder auf offenes Feuer setzen.

- Geben Sie niemals kalte Flüssigkeit während des Garens in den Topf, die Form kann sonst zerspringen. Umgekehrt sollte auch keine heiße oder gar kochende Flüssigkeit in den kalten Topf gegeben werden.

- Grundsätzlich müssen alle Speisen in der geschlossenen Form gegart werden. Nur zum Überbacken oder für das zusätzliche Überkrusten von Braten kann der Deckel 10–15 Minuten vor Garende abgenommen werden.

  Durch das Garen mit Deckel ergibt sich auch ein weiterer Vorteil des RÖMERTOPFES®: Aus der Tonform heraus kann nichts in den Backofen spritzen, so dass dieser sauber bleibt.

- Wenn Sie erstmals mit dem RÖMERTOPF® arbeiten, prüfen Sie zu Beginn, ob die Gerichte in der angebenen Zeit gar werden. Die Temperaturen und Aufheizzeiten variieren bei den unterschiedlichen Herden beträchtlich. Experimentieren Sie ruhig ein wenig und probieren Sie eigene Rezepte aus. Lassen Sie dabei die Gerichte lieber ein wenig zu lange im Backofen, es schadet ihnen nicht.

- Wenn Sie den heißen RÖMERTOPF® aus dem Backofen nehmen, denken Sie daran, dass der RÖMERTOPF® empfindlich gegen plötzliche Temperaturänderungen ist. Stellen Sie die Form deshalb entweder auf ein Kuchenrost, auf ein Holzbrett oder auf ein zusammengelegtes, trockenes Handtuch.

- Nach Gebrauch reinigen Sie den Topf mit heißem Wasser, ein paar Tropfen mildem Spülmittel und einer Bürste. Nach etwa 50maliger Benutzung sollten Sie ihn eine halbe Stunde lang in Essigwasser auskochen. Die Poren sind dann wieder völlig frei und atmungsaktiv.

- Ein RÖMERTOPF® darf niemals an einem feuchten, muffigen Ort aufbewahrt werden. Am besten stellen Sie ihn – beide Hälften ineinandergestapelt – an einen luftigen Ort, an dem sich kein Küchendunst niederschlagen kann.

Formen

RÖMERTÖPFE® gibt es in vielen Formen und Größen. Neben schlichten Tonformen gibt es verzierte Töpfe, auch in Fisch- oder Huhnform. Bei der Wahl des RÖMERTOPFES® ist zu berücksichtigen, dass die Größe den Gerichten angepasst sein soll, die man darin zubereiten will. Der RÖMERTOPF® sollte nicht übervoll sein, allerdings ist es auch wenig sinnvoll, zu kleine Mengen in einer großen Form zu garen. Vor allem bei Fleisch ist dies sehr nachteilig, weil ein kleines Stück Fleisch in einem zu großen Topf nicht genug im eignenen Saft schmoren kann und zu trocken wird.

Suppen und Eintöpfe, Fleisch- und Gemüsegerichte können problemlos in ein und demselben RÖMERTOPF® zubereitet werden. Fischgerichte dagegen sollten in einer speziell dafür reservierten Form gegart werden, da der Fischgeschmack unweigerlich auf andere Speisen übergeht. Auch süße Speisen sollten in einem extra RÖMERTOPF® zubereitet werden.
Neben den klassischen RÖMERTOPF®-Formen gibt es eine Reihe von speziellen Töpfen. Dazu gehören der Kartoffelröster, der Knoblauchröster und die Pane-Brotbackschale.

;aren in der Mikrowelle

Aikrowellen können – ohne viel Energie zu ver-ieren – auch Ton durchdringen. Deshalb kann eder RÖMERTOPF® auch in die Mikrowelle ;estellt werden. Er muss nur die richtige Größe esitzen. In die kleinen Mikrowellengeräte pas-sen eher die kleinen Formen. In einem Kombi-ationsgerät werden Sie jede Form unterbringen könnnen.

Wie beim Garen im Backofen sollten auch hier Topf und Deckel oder zumindest der Deckel ge-vässert werden. Der RÖMERTOPF® sollte mmer mit dem Deckel verschlossen werden. Da die Mikrowellen aber extrem schnell arbei-ten, ist es sinnvoll, wenn Sie anfangs etwas auf dem Beobachtungsposten sind, um ein Gefühl für die neuen Garzeiten zu bekommen. Ideale Ergebnisse in kürzester Zeit mit viel Energieer-sparnis erhalten Sie bei der Kombination von Mikrowelle mit Ober-/Unterhitze, Heißluft oder Gas im Backofen. Insbesondere beim Auftauen und beim anschließenden Weiterverarbeiten von Braten oder Speisen hat sich diese Methode bewährt. Unter der Mikrowelleneinwirkung erreicht das Gargut eine Temperatur von maxi-mal 130 °C. Wenn der Garprozess im Backofen weitergeführt werden soll, muss dieser in etwa auf die gleiche Temperatur vorgeheizt werden.

Kapitelregister

HEYNE KOCHBUCH
07/2006

Herausgeber: Genehmigte Lizenzausgabe für den Wilhelm Heyne Verlag, München, 2000

Wir danken für die freundliche Unterrstützung: RÖMERTOPF Keramik GmbH, Ransbach-Baumbach

Titelgestaltung: Kontur Design, Bielefeld
Graphisches Konzept: Andrea Kelger, Bielefeld
Gestaltung: M·D·H Reiner Haselhorst, Bielefeld

Redaktion: Jasmin Gromzik, Antje Günther

Rezeptberatung: Annette Elges, Bielefeld

Fotos: Heinrich B auer Service KG, Hamburg
Thomas Diercks, Hamburg
Bernd Lippert, Bielefeld
Christiane Pries, Borgholzhausen
Herbert Maass, Hamburg
Hans-Joachim Schmidt, Hamburg
Fotostudio Toelle, Bielefeld
Brigitte Wegner, Bielefeld
Bernd Wohlgemuth, Hamburg

Satz: Typografika, Bielefeld

Reproduktion: Mohn Media · Mohndruck GmbH, Gütersloh

Druck: Mohn Media · Mohndruck GmbH, Gütersloh

Printed in Germany

ISBN 3-453-18214-5

HEYNE BÜCHER

Dr. Oetker bei Heyne

Rezepte mit Gelinggarantie

In jedem dieser sechs Bände präsentiert Dr. Oetker eine Auswahl seiner besten und beliebtesten Rezepte, die sofort und mühelos nachzukochen sind. Alle Zubereitungsschritte sind klar und exakt beschrieben, dazu genaue Angaben zu Garzeiten und Herdeinstellungen. Attraktive Fotos zu fast jedem Rezept machen Lust aufs Kochen und Backen.

07/2006

07/2007

07/2008

07/2009

07/2010

07/2011

Außerdem in gleicher Ausstattung erschienen:

Dr.Oetker Partyrezepte
07/2000

Dr.Oetker Pasta
07/2001

Dr.Oetker Muffins & Co
07/2002

Dr.Oetker Minitorten
07/2003

Dr.Oetker Grillen
07/2004

Dr.Oetker Aufläufe
07/2005

Alle Bände:

96 Seiten, durchgehend vierfarbig, laminierter Pappband, Format 17,5 x 24 cm

DM 14,90/öS 109,-/sFr 14,-